EL ISLAM EXPLICADO A LOS NIÑOS

Juegos y actividades para fomentar la convivencia

Sybille Günther

Título original: *iftah ya simsim*
Publicado en alemán por Ökotopia Verlag, Münster

Traducción de J. A. Bravo

Diseño de cubierta: Valerio Viano

Ilustración de cubierta e interiores: Vanessa Paulzen

Distribución exclusiva:
Ediciones Paidós Ibérica, S.A.
Mariano Cubí 92 - 08021 Barcelona - España
Editorial Paidós, S.A.I.C.F.
Defensa 599 - 1065 Buenos Aires - Argentina
Editorial Paidós Mexicana, S.A.
Rubén Darío 118, col. Moderna - 03510 México D.F. - México

Este libro fue publicado por mediación de Ute Körner Literary Agent, S.L., Barcelona

Ediciones Oniro, S.A.
Muntaner 261, 3.° 2.ª - 08021 Barcelona - España
(oniro@edicionesoniro.com - www.edicionesoniro.com)

ISBN: 84-9754-055-7
Depósito legal: B-1.573-2003

Impreso en Hurope, S.L.
Lima, 3 bis - 08030 Barcelona

Índice

Oeste - Occidente
ALEMANIA
París
Múnich
Viena
Budapest
RUMANÍA
FRANCIA
ITALIA
Belgrado
BULGARIA
Sofía
ESPAÑA
Argel
Túnez
TUNICIA
MARRUECOS
ARGELIA
Marrakech
Trípolis
Bengasi
LIBIA
EGIP
N
O
E
S

Este - Oriente
Samarcanda
Ankara
TURQUÍA
Kabul
Teherán
Siria
IRAK
IRÁN
AGFANISTÁN
Damasco
Bagdad
ISRAEL
JORDANIA
PAKISTÁN
ARABIA SAUDÍ
EMIRATOS
La Meca
OMÁN
YEMEN
Sona

Oriente fascinante

¡Oriente! Suena a un mundo antiguo, legendario. Al escuchar esta palabra olfateamos densos aromas, saboreamos las más dulces golosinas, palpamos las preciosas sedas y los damascos. Vemos las mezquitas y los palacios magníficamente ornamentados, y oímos el tintineo de las ajorcas que adornan los tobillos de las bellas envueltas en sus velos. Hay en el aire un olor a libros antiguos... y también a libros prohibidos. Vagos recuerdos que colorean nuestra imaginación.

Crisis que no acaba... fundamentalismo... fanatismo... guerra santa... sunitas... chiítas... el *chador*... los libros censurados... la guerra del Próximo Oriente.

Presencia de inmigrantes en nuestras ciudades... restaurantes exóticos... mezquitas... miedo, incendios... evocaciones del racismo.

Hijos de inmigrantes en nuestras escuelas, criaturas tímidas que sonríen cuando se les dirige una palabra amable. No dominan del todo nuestro idioma. Los ayudamos para que aprendan. Hospitalidad frente a tabúes.

Oriente fascinante... contradicciones que se manifiestan: por una parte, escenario idealizado por el romanticismo, lejanía geográfica, ubicación histórica en la Edad Media; por otra, el Oriente actual, algunos de cuyos representantes viven entre nosotros, pero que, distantes y poco conocidos, nos inspiran vagos temores.

Este libro quiere ser un instrumento de mediación de la cultura del mundo islámico y fomentar, mediante múltiples sugerencias, el intercambio intercultural. Que los niños y los adultos de cualquier nacionalidad aprendan a considerar sin prejuicios las culturas ajenas y a valorar la propia. Que sean conscientes de sus valores y así puedan apreciar la diferencia y encontrar los puntos comunes con otras personas. Ante tantas etnias y tantas peripecias distintas, que sepan distinguir en cada individuo una historia propia, aunque sin abandonar la fascinación por lo que nos es extraño.

Este libro se divide en varias partes que corresponden a otros tantos aspectos de la cultura del mundo islámico. A la pregunta «¿Dónde está Oriente?» le siguen siete respuestas, lo que suma 8, que es la figura fundamental de la danza oriental. Cada capítulo describe un lugar concreto, que es también uno de los mundos de la imaginación infantil. En cada uno citaremos fenómenos hoy ajenos para nosotros, pero indispensables para la comprensión de esta cultura: niños que han de trabajar en el bazar, la rigurosidad de las normas en la mezquita, el mundo masculino de las cafeterías y las calles, el mundo femenino de la casa, la experiencia sensual de los baños, el esplendor y las intrigas en los palacios del antiguo Oriente.

Junto a esta información se incluyen, además, los vertiginosos cambios del Oriente actual: la decadencia de las viejas medinas, la occidentalización de los bazares, la desaparición de las antiguas tradiciones y las dificultades ecológicas del desierto. Y por encima de todo, el hecho de que muchos de sus habitantes han pasado a vivir entre nosotros. Así, la cultura oriental se despliega como un mosaico que despierta nuestra sensibilidad ante otras tierras.

Todos los capítulos presentan la misma estructura. Después de una primera exposición dirigida tanto a los menores como a los adultos, se presenta un relato para que los niños puedan leerlo o escucharlo. Y, igual que en Oriente los cuentos sirven para transmitir la historia y las tradiciones a los jóvenes, nosotros introduciremos también elementos fantásticos. Como en un juego, vencemos las distancias geográficas y enriquecemos la imaginación de los niños. Las protagonistas de los relatos son una niña magrebí y una niña española, que van a superar diferencias culturales y a descubrir muchos puntos comunes. Una vez introducido el tema, se ofrecen propuestas de juegos, danzas, manualidades y recetas, para que la información entre por todos los sentidos. Muchos de estos juegos, danzas y recetas son de origen oriental, aunque superando peculiaridades regionales. Los juegos se han concebido para niños de cuatro a ocho años, con algunas variantes destinadas a los más pequeños y a los mayores. Cuando sean adecuados para todos los grupos, se hará constar con la mención «cualquier edad». El libro sirve, además, para la formación integral de la etapa preescolar y también como fuente de sugerencias para dinamizar las clases escolares.

Cuando se consideran con atención los juegos que proponemos, se ponen de manifiesto numerosas coincidencias con los de nuestro entorno, lo que nos permite suponer unas raíces comunes. En los juegos circulares y de movimiento se observan temas fundamentales que recordamos de nuestra propia infancia. Las danzas se han adaptado para niños; las recetas pueden realizarse fácilmente, sólo es necesario comprar algunas especias en cualquier tienda especializada. En algunos juegos se han introducido conceptos integrales innovadores, como los de percepción en el *hammam*, que tienen a su vez una razón de ser en la cultura islámica, por ejemplo en calidad de ritos de purificación y oración.

Este libro pretende también fomentar la integración de los musulmanes en nuestro entorno. Entiéndase integración no como una exigencia de renuncia a las propias raíces culturales y religiosas, sino con el propósito de conservarlas y conferirles transparencia por medio de la información. De tal manera que el libro también puede ser interesante para los «niños de la tercera generación», es decir, para aquellos musulmanes que, habiendo nacido en nuestro país tal vez desconozcan muchos aspectos de su tierra de origen. Mediante una cuidadosa documentación se han intentado describir las raíces culturales del «antiguo Oriente» sin descuidar por ello la realidad del mundo islámico actual.

Para conocerse a uno mismo y a los demás
así hay que entenderlo ahora:
Oriente y Occidente ya no se pueden separar.
Goethe, West-Östlicher Diwan

Nuestra casa lejana

Tradicional turca

Orda bir yol var uzakta
O yol bizim yolumuzdur
Gezmesekte tozmasakta
O yol bizim yolumuzdur
Orda bir köy var uzakta
O köy bizim köyümüzdür
Gitmesekte gelmesekte
O köy bizim köyümüzdür
Orda bir ev var uzakta
O ev bizim evimizdir
Yatmasakta kalkmasakta
O ev bizim evimizdir

¿Ves aquel lejano camino?
Hoy también brillan las estrellas,
no para nosotros, los de aquí,
pero sigue siendo el camino.

¿Ves aquella lejana aldea?
Hoy también brillan las estrellas,
no para nosotros, los de aquí,
pero sigue siendo nuestra aldea.
¿Ves aquella lejana casa?
Sobre ella lucen las estrellas,
no para nosotros, lejos de allí,
pero sigue siendo nuestra casa.

¿Dónde está Oriente?

Para delimitar el concepto conviene recordar que no se trata de una región geográfica con unas fronteras definidas, sino de un espacio histórico-cultural. En la acepción más general, Oriente comprende las tierras del este, «donde nace el sol», así como Occidente es el oeste, «el lugar por donde el sol se pone». Los navegantes italianos de la Edad Media que cruzaban el Mediterráneo dieron el nombre de «Levante» a las regiones orientales.

Cuando hablamos de Oriente nos referimos fundamentalmente a las culturas de tres naciones: los árabes, los turcos y los persas. Lejos de constituir una masa homogénea, son pueblos muy diferentes, que hablan distintos idiomas. La expansión islámica llevó la escritura árabe, que es la del Corán, a todos los países de Oriente. Pero en Turquía fue reemplazada por el alfabeto latino por decreto de Kemal Atatürk, presidente del país desde 1923 hasta 1938. Las culturas orientales tienen, no obstante, algunos rasgos comunes, que podemos encontrar por ejemplo en su música.

La principal raíz común, sin embargo, es la religión del islamismo (en árabe, «entrega» a la voluntad de Dios). La perspectiva histórica nos lleva a la primera Edad Media, al inicio de la predicación del islamismo. Con el judaísmo y el cristianismo, forma la tríada de las grandes religiones monoteístas, todas ellas originarias de Oriente. El profeta Mahoma, que vivió de 570 a 632, anunció en el año 610 su vocación de propagar la doctrina de Alá, el único Dios, continuando y llevando a la perfección las otras dos religiones del Libro, la judía y la cristiana. Los tres fundamentos de la fe son el Corán («recitación», 114 azoras, palabra escrita de Dios), la sunna («preceptos», tradición de los hechos y palabras del Profeta), y la ichma («consenso» de los creyentes). En el año 656, ya fallecido el fundador, se produjo la división entre sunitas y chiítas. Éstos sólo aceptan a los descendientes directos del Profeta como sucesores legítimos. Ese primer cisma sigue siendo causa de desunión entre los musulmanes contemporáneos.

En el año 732 el islamismo había llegado hasta Poitiers y Tours, en el corazón de Francia. En 1529 avanzaba de nuevo hacia el oeste, con el imperio otomano, hasta las puertas de Viena. En aquellos tiempos Oriente alcanzaba a media Europa; mezquitas y palacios recuerdan su esplendor cultural en España. Hoy, cuando decimos Oriente pensamos generalmente en los países del Asia anterior y del norte de África. Estos últimos son Marruecos, Argelia, Túnez (que forman el Magreb, «occidente» en árabe), así como Libia y Egipto. Entre los asiáticos, la península arábiga, que contiene los estados de Arabia Saudí, Yemen, Omán, los Emiratos Árabes Unidos, Turquía, Siria, Líbano, la parte no europea de Israel, Jordania, Irak, Irán (la antigua Persia) y Afganistán. Hasta aquí llega lo que llamamos el Próximo Oriente y empieza a manifestarse la influencia india, que se refleja, por ejemplo, en las danzas. Las poblaciones de los países citados son en su mayoría musulmanas, aunque también hay en ellas cristianos, judíos y otras minorías religiosas.

Para facilitar la orientación se incluye en este libro un mapa, en el que figuran asimismo las ciudades orientales más célebres. Además, el mapa servirá para los primeros juegos. Se ha incluido la legendaria ciudad de Samarcanda, que hoy forma parte del Uzbekistán. Fue un importante centro comercial desde la más remota antigüedad, por su privilegiada situación geográfica. Ocupada por los árabes en 712, confluyeron en ella los mercaderes del Asia central y del Extremo Oriente, y fue un foco de la espiritualidad islámica oriental.

En este libro, sin embargo, merece mención especial porque allí comienzan las historias de *Las mil y una noches*: «En tiempos pasados vivía en Samarcanda un poderoso rey, que se llamaba Shahirar...».

Guzul, el pescadero

Magda González y Zubeida Halima van juntas a la escuela. Son vecinas y se han hecho amigas. Zubeida es marroquí y habla poco español. Por eso Magda suele corregirle los dictados. Después de reunirse a estudiar en casa de una de ellas, a menudo les sobra algo de tiempo para jugar.

Cuando hoy salgan de la escuela, pasará a recogerlas la señora González, la madre de Magda. De camino, irán a la nueva pescadería que se acaba de inaugurar en el barrio. Nada más entrar se nota que estamos en un ambiente distinto. El pescadero saluda con gran cordialidad a las tres, como si Magda y Zubeida también fuesen personas mayores. Les pregunta cómo se llaman, a qué clase van y si les cae bien la señorita.

—Hoy hemos estado estudiando durante muchas horas —comenta Zubeida.

—Entonces, estarán esperando con impaciencia el fin de semana —sonríe el pescadero. Casi se diría que este hombre no anda tan apurado de tiempo como ocurre siempre con los adultos. Incluso la madre de Magda olvida las prisas y se entretiene charlando con el tendero. Se le nota que no es de aquí. Se llama señor Guzul y también es marroquí, pero hace años que vive en España.

Mientras la madre de Magda y el señor Guzul hablan, las niñas inspeccionan tranquilamente la tienda. En el expositor hay pescados de todas clases, pero también se vende queso de oveja y aceitunas, y sobre el mostrador se halla una cesta con limones. En la pared hay un gran cartel con todas las especies de pescados y sus nombres. Algunos peces son de lo más feo, como el llamado «diablo marino» o escorpina.

Los adultos hablan de las distintas maneras de preparar el arroz y mientras tanto las niñas han descubierto en un rincón la estantería de las especias. Magda tira del brazo de Zubeida.

—¡Mira qué paquetes tan bonitos!

Son unas bolsas de papel adornadas con orlas doradas, y algunas llevan impreso un pequeño elefante negro. Los rótulos parecen extrañas ristras de lazos y puntitos.

—Son letras árabes —explica la señora González.

—Mi madre tiene especias de ésas en casa —dice Zubeida.

La señora González pregunta si hay alguna que sirva para el arroz.

—Páseme esa bolsita amarilla, por favor —se vuelve el señor Guzul hacia Zubeida—. Esto es cúrcuma, y le da al arroz un color amarillo muy vistoso y un sabor excelente.

Zubeida conoce la cúrcuma porque la ha visto en casa, y Magda una vez comió arroz amarillo en un restaurante.

—¿Y qué son esos tarros amarillos tan diminutos? —pregunta la curiosa Magda. El señor Guzul ríe.

—Pues mire usted, eso es azafrán. También sirve para dar color al arroz, pero es tan precioso y caro que sólo se vende en cantidades muy pequeñas.

—¿Y por qué es tan caro? —pregunta Magda. El señor Guzul arquea las cejas e inclina un poco la cabeza.

—¡Bueno! Es porque el azafrán auténtico se obtiene cogiendo los estambres de unas flores, que son tres filamentos muy pequeños, y eso da mucho trabajo.

Como la señora González ya conoce el azafrán, le pregunta, señalando otro recipiente un poco más grande:

—Y la cúrcuma, ¿qué es?

—Es el tubérculo del jengibre. Se aprovecha la raíz entera y por eso es más barata. También da el color amarillo al curry.

A la señora González parecen complacerle mucho las atenciones del tendero.

—Hace tiempo que no me veía tan bien servida.

—La conversación es la parte más importante de la venta —explica el señor Guzul—. ¿Cómo voy a saber, si no, qué es lo que necesitan mis clientas? La satisfacción de la clientela es el mayor deseo de todo comerciante, ¡es cuestión de amor propio!

Se hace un breve silencio en la tienda y luego el señor Guzul añade con un guiño de malicia:

—¡Y además, las clientas satisfechas vuelven por aquí más a menudo!

La madre de Magda se lleva el diablo marino y la cúrcuma para el arroz, y las tres, ella y las niñas, salen del establecimiento la mar de contentas. De camino, la señora González comenta:

—Estuvo muy bien ese tendero. Los nuestros parece que te hagan un favor cuando te atienden, y en los supermercados no te atiende nadie. El señor Guzul es distinto, seguramente porque es oriundo de Oriente.

Durante la cena Magda recuerda esa expresión y pregunta:

—¿Dónde queda eso de Oriente?

Celia, la hermana mayor de Magda, acaba de estudiar el tema en la escuela y se aventura a dar una explicación. Le cuenta que Oriente se compone de los países donde amanece más temprano que entre nosotros, los que vivimos en Occidente. Y muchas cosas más que Magda no acaba de entender del todo.

—En realidad yo creía que Oriente sólo existía en los cuentos —interviene la madre.

—Tienes razón, porque es el origen de muchas leyendas. Pero el Oriente mismo no es leyenda, sino que existe.

—¿Y dónde está? —insiste Magda—. ¿Dónde está ese país?

Entonces interviene a su vez el señor González para explicar que el Oriente no es un país. Magda parpadea.

—Está formado por varios países —explica papá—. Entre los orientales hay gentes de muchas clases, como los árabes, los persas, los turcos y los magrebíes, por ejemplo.

—¡Ah! —exclama Magda—. Entonces ¿resulta que Zubeida es una oriental?

—Sí —se burla el padre—. A lo mejor resulta que es una princesa de *Las mil y una noches.*

Dejándose el arroz en el plato, Magda sale corriendo a buscar su bola del mundo, donde siempre ha sido capaz de encontrar cualquier país que le nombrasen.

Juegos de orientación

Según el diccionario, orientar es «determinar la posición de una cosa respecto de los puntos cardinales» y también «informar a uno de lo que ignora acerca de un negocio, o estudio, para que sepa manejarse en él». Se puede hablar con un especialista que haya estudiado el tema, o buscar un libro que lo explique, o un diccionario, o consultar un atlas, etcétera.

¿DÓNDE ESTÁ ORIENTE?

Ya se ha dicho que es el ámbito del sol naciente, luego el Oriente debe de quedar al este de nosotros, que es por donde sale el sol.

Al amanecer, la posición del sol nos indica dónde está el este y, a partir de allí, se determinan los demás puntos cardinales. Los países de Oriente fueron llamados así por los navegantes italianos de la Edad Media, ya que se encontraban —y se encuentran— al este del mar Mediterráneo.

Material: Papel y lápices.
Edad: Cualquiera.

Por Oriente sale el sol,
por el sur toma su carrera,
por Occidente se pone luego,
por el norte no lo verás nunca.

Para averiguar dónde está el Oriente, los jugadores dibujarán en un papel la casa donde viven, e indicarán el lado por donde sale el sol. Esa dirección marca el rumbo del Oriente.

EL DEDO SOBRE EL MAPA

En otros tiempos, la gente adinerada iba a Estambul en un tren de lujo llamado el Orient Express. Hoy todo es más sencillo: acudimos a una agencia de viajes y reservamos un vuelo. ¿Y cómo viajan los orientales? Del mismo modo que nosotros, aunque algunos todavía van en camello y en burro.

Material: Mapa de los países orientales.
Edad: A partir de 4 años.

La persona que dirige el juego muestra el mapa a los jugadores, lee los nombres de los países y las ciudades, y les explica (según el nivel de comprensión de los oyentes) algunos de sus elementos peculiares, como las mezquitas, los palacios, los bazares, los desiertos y los oasis.

A continuación los niños recorrerán el mapa con el dedo y dirán cuál sería el medio de transporte más conveniente (en tren, en coche, en camión, en camello...) y qué obstáculos creen que encontrarían. Uno de ellos asume la dirección del viaje, elige un medio de transporte, y después todo el grupo se moverá por la habitación imitando los ruidos y los gestos propios del caso. Al terminar el viaje, buscarán otro destino y otro medio de transporte y empezarán de nuevo.

Variante

Material: Mapa de los países de Oriente.
Edad: A partir de 8 años.

Los jugadores deciden quién va a ser el director del viaje. Éste elige la ruta sobre el mapa y describe el recorrido a los demás, pero en los términos más generales; el punto de partida será el único que se cite expresamente por su nombre.

Ejemplo: Salimos de Casablanca. Navegamos a lo largo de la costa norte de África hasta recalar en el puerto de una antigua ciudad egipcia. Allí tomamos el tren hacia el sur, siguiendo el curso de un gran río. Sin salir todavía de Egipto, cruzamos el río en una barcaza y continuamos a lomos de camello por el desierto arábigo hacia el este, hasta llegar a la costa del mar que tiene el nombre de un color. Lo cruzamos en el ferry y continuamos hasta la ciudad santa de los musulmanes...

VIAJE SOBRE LA ALFOMBRA MÁGICA

Material: Una manta, una alfombra o un objeto similar. Si se quiere, una música ambiental tranquila.
Edad: Cualquiera.

La persona que dirige el juego lee el viaje fantástico en voz alta, o lo inventa más o menos de acuerdo con las líneas aquí descritas. Los jugadores son pasajeros de la alfombra voladora y actúan según se les diga.

Ahora nos sentaremos todos en la alfombra mágica. Va a comenzar el viaje. ¿Estáis cómodos? Partimos hacia Oriente, pero como esta alfombra tiene problemas para remontar el vuelo, vamos a ayudarla con un conjuro:

Sube, sube de esta tierra
flota, flota en el aire.
Más veloz que mil caballos
pronto llegarás a la meta.

Poco a poco empieza a volar la alfombra. ¡Ah! ¡Sujetaos bien, que no se caiga nadie! Agarraos los unos a los otros. Vamos ganando altura. Nos volvemos y agitamos la mano para despedirnos de los que quedan en tierra. Las casas van haciéndose cada vez más pequeñas. Hace frío. Apretaos los unos contra los otros. En estas alturas sopla un viento glacial. Apretaos bien o se os helarán las orejas.

Vamos a pasar las montañas. Echaos un poco para atrás, a fin de que la alfombra gane altura. Ahora ya estamos más altos. Volved a poneros derechos para que la alfombra vuele otra vez horizontal. Si miráis al frente, veréis el mar. Hacia el oeste, el sol poniente arranca destellos a las olas.

Se está haciendo de noche. Seguimos volando tranquilamente. Os entra sueño y buscáis vuestro lugar para tumbaros sobre la alfombra. Dormid tranquilos, que la alfombra seguirá volando toda la noche. Ahora despertáis sintiéndoos muy descansados, y os frotáis los ojos, medio dormidos todavía. Una claridad muy fuerte os obliga a cerrar los párpados. Volamos hacia ella. ¡Estamos en los países del sol naciente! La alfombra da un saltito de alegría y empieza a bajar. Vamos a aterrizar. Delante de nosotros brillan las cúpulas de un palacio bajo la luz de la mañana. La ciudad oriental despierta a la vida. Los mercaderes del bazar abren sus tiendas. El limpiabotas echa a un golfillo que estaba sentado en un banco público. Lo necesita él para desplegar sus enseres. La alfombra describe un último círculo volando alrededor de la mezquita. Aterrizamos. ¡Hemos llegado a Oriente!

Assalamu 'alaikum!

Olas como montañas – Daglar gibi dalgalar'i

Tradicional turca

Daglar gibi dalgalar'i
Ben asarim asarim
Taka'min içerisinde
Saray gibi yasarim
Taka'min icerisinde
Saray gibi yasarim
Yagmur yagiyor yagmur, da
Basima tane tane
Kara deniz usagi'da
Dünyalarda bir tane
Kara deniz usagi'da
Dünyalarda bir tane
Ben kemençe çalamamda
Dayim darilir bana
Bir horon havasi vurda
Kurban olayun sana
Bir horon havasi vura
Kurban olayim sana

Nuestro barco sobre las olas.
Olas como montañas,
altas como montañas.
Mi patria es la mar,
mi palacio es una barca,
una barca.
Sobre las olas cae la lluvia,
el agua me empapa el pelo.
Aquí en el mar Negro
somos niños, es verdad,
mejor que en otro lugar.
El violín no sé tocar,
por eso el tío me riñe.
Toca para mí el horon
y contigo yo bailaré.

Instrucciones para bailar el horon:

1ª figura: Posición de partida en fila o en corro. Los niños levantan las manos hasta la altura de los hombros, y después enganchan el dedo meñique con el de los compañeros a izquierda y derecha. Al ritmo de la música, saltar alternativamente sobre el pie derecho y el izquierdo, el otro pie se eleva un poco hacia delante flexionando la pierna; los hombros acompañan subiendo y bajando.

2ª figura: Cuando la estrofa llega a su fin y el ritmo de la música cambia, los niños bajan las manos y mueven los hombros rápidamente de adelante atrás y viceversa. Los saltos se intensifican (como la música) y los bailarines van acercándose hasta quedar hombro con hombro.

Las dos figuras van alternándose.

VIAJES FANTÁSTICOS

Edad: A partir de 8 años (con ayuda).

Con este juego de lenguaje demostramos que es posible vivir auténticas aventuras mentales. Los jugadores se sientan formando un círculo. Cada uno dice en voz alta un concepto oriental y luego lo memoriza. Cuando todos hayan elegido el suyo, comienza la segunda ronda del juego.

El primer jugador inicia un relato con una o varias frases que contengan el concepto que él mismo ha elegido en la primera vuelta.

El segundo jugador continúa el relato introduciendo en alguna de sus frases su propio concepto, pero de manera que tenga sentido. A éste le sigue el tercero... y así sucesivamente, hasta completar el primer cuento oriental hecho por ellos mismos.

EL ORIENT EXPRESS

El Orient Express existe realmente. Es un tren histórico que hizo su primer viaje el 5 de junio de 1883. Salió de París con destino a Constantinopla (hoy Estambul), pasando por Munich, Viena, Belgrado y Sofía (o Bucarest) en un recorrido de 3.186 km. Tuvo mucho prestigio como tren de lujo. Su recorrido cambió varias veces. Hoy lleva la denominación D 263 y realiza el recorrido de París a Budapest por Karlsruhe, Stuttgart, Ulm, Augsburg, Múnich, Salzburgo y Viena.

Material: Silbato de árbitro o similar.
Edad: Cualquiera.

Uno de los jugadores hace de máquina y determina el rumbo del viaje. Los demás forman la cola de vagones poniéndose en fila india detrás de la locomotora, con las manos sobre los hombros del compañero anterior. El primer tercio del tren son los vagones de primera clase, el tercio intermedio los de segunda, y el último los de tercera.

El Orient Express se pone en marcha poco a poco.

Cuando el que dirige el juego grita «¡primera!», los vagones de primera clase contestan «chu-chu-chu». Si grita «¡segunda!», los de segunda dicen «tuuut-tuuut-tuuut». A la voz de «¡tercera!», los de tercera contestan «clac-clac clac-clac clac-clac».

El director del juego procurará que los jugadores encuentren un ritmo común.

Cuando el tren lleve un rato circulando, el director llamará simultáneamente a dos o incluso tres clases de vagones. Así se creará la impresión acústica de un tren de los de antes en marcha. Cuando el director toque el silbato, indica el fin del viaje.

Variante

Cuando el director grita «¡atención, túnel!», los dos primeros niños unen las manos para hacer con los brazos un arco y los demás «pasan» por debajo. Como si bailaran una polonesa, los que acaban de pasar el túnel se colocan formando un nuevo arco. Una vez hayan pasado todos los vagones haciendo tanto ruido como puedan, el Orient Express reiniciará la marcha en sentido contrario y con la misma secuencia que antes: «¡primera! ¡segunda! ¡tercera!»...

ASESINATO EN EL ORIENT EXPRESS

Este juego alude a la conocida novela de Agatha Christie.

Edad: A partir de 8 años.

Los jugadores son pasajeros del Orient Express y se colocan haciendo el tren. A la voz de «¡atención, túnel!», todos los pasajeros cierran los ojos. El director recorre el tren y da una palmada en el hombro derecho a cada viajero. A uno de ellos le dará dos palmadas, y ése va a ser el asesino.

Al llegar al final del tren, el director grita «¡En marcha!». Los pasajeros abren entonces los ojos y apoyan las manos en los hombros del compañero de delante. Poco a poco el tren se pone en movimiento.

Cuando el «asesino» lo considere oportuno, apretará con ambas manos los hombros del pasajero que tiene delante, y con esto lo promueve a detective. Tan pronto como se haya dado a conocer, el asesino echará a correr dando una sola vuelta alrededor del tren: ¿conseguirá regresar a su puesto antes de que el detective lo atrape?

MUMKIN

En árabe mumkin *significa «tal vez», «quizá». Incluso en nuestros tiempos, los viajeros de Oriente se exponen a incidencias e imprevistos. Por eso se suele contestar a la pregunta «¿Vienes?» con un «tal vez» o «quizá».*

Edad: Cualquiera.

Para preparar el juego hay que delimitar una zona de unos 7 × 3 m. Se elige a un «Maestro de los destinos» de los demás. Éste se coloca en uno de los extremos y asume la dirección del juego. Los demás se colocan frente a él en el otro lado.

Uno tras otro, los jugadores le preguntan al Maestro, que se mantiene de espaldas a ellos, cuántos pasos pueden acercarse a él, diciendo en voz alta *¿kam?* («¿cuántos?», en árabe). A lo que él contesta dando la cifra que se le antoje. Los jugadores preguntan de nuevo: «¿Puedo de veras?», él puede contestar con *mumkin*, «tal vez», y sólo entonces avanzarán los pasos indicados.

Pero si grita «stop» y se vuelve rápidamente, todos deben quedarse quietos. ¡El que se mueva regresa al punto de partida!

¿Quién de ellos conseguirá llegar a donde está el Maestro y poner fin a su voluntad caprichosa?

IFTAH AL BAB

En el antiguo Oriente, cuando el viajero llegaba por fin a las puertas de una ciudad, debía solicitar el permiso de los centinelas que vigilaban todas las entradas y salidas. A la puesta del sol se cerraban las puertas, y entonces las caravanas, los forasteros y los rezagados tenían que dormir al raso. Iftah al Bab *significa en árabe «¡Abre la puerta!».*

Edad: Cualquiera.

Dos jugadores se toman de las manos y forman el arco de una puerta. Con los brazos bajos indican que está cerrada. Los demás formarán

una caravana y exclamarán: «*¡Oh centinelas! Permitid que pasen nuestros camellos.*» A lo que ellos contestarán: «*Que se arrodillen.*» Los jugadores se arrodillarán y repetirán: «*¡Oh centinelas! Permitid que pasen nuestros camellos*». Los centinelas dirán levantando los brazos: «*¡Que se levanten y que pasen!*». Y entonces todos los camellos pasarán bajo el arco declarando al mismo tiempo qué es lo que transportan: alternativamente oro y plata. Los camellos cargados de oro se colocarán a la derecha de la puerta, y los que llevan plata, a la izquierda.

En una segunda ronda, se decidirá si el oro o la plata pueden llevarse al mercado. Los camellos formarán parejas, oro contra plata, y tratarán de empujarse el uno al otro haciendo que el adversario pase la línea entre los centinelas (el límite de la ciudad). Éstos harán de árbitros para decidir quién ha ganado. El perdedor cambiará de bando y cuando uno de los grupos cuente tres camellos más que el otro, termina el juego.

CARGANDO EL ASNO

Los asnos se usan mucho como bestias de carga en Oriente. Al ser un «vehículo» pequeño, los conducen incluso los niños.

Material: Un gran número de cojines.
Edad: A partir de 4 años.

Tú y yo y yo y tú,
el burro siguiente eres tú.

Con este recuento elegimos dos asnos y ellos a su vez elegirán a sus conductores. Se trata de llevar la mayor cantidad posible de mercancía del campo a la aldea. Los conductores cargarán sus burros con la mayor cantidad de cojines que puedan.

A una señal, los asnos cargados se pondrán en marcha. ¿Conseguirán recorrer la distancia a cuatro patas sin perder ningún cojín? Gana el que entre con más almohadas en el pueblo.

En el bazar

En el mercado se conoce a los hombres mejor que en la iglesia.
Proverbio oriental

Imaginamos un típico mercado oriental, llamado *bazar* en persa, *suq* en árabe y *carsi* en turco. En cambio, cuando los turcos dicen *pazar* se refieren a un mercadillo semanal. ¿En qué se diferencia el bazar del mercadillo? El auténtico bazar está dedicado casi exclusivamente a vender productos de artesanía. Lo que no se fabrica en el mismo bazar se trae de otras regiones para ofrecerlo a la venta. En el bazar hallaremos, principalmente, objetos duraderos y artículos de lujo.

En el mercadillo, en cambio, se venden alimentos, como frutas, hortalizas, carne, y los enseres sencillos de uso cotidiano, prendas de ropa, baratijas, cestas y otros objetos por el estilo. No se fabrica nada. El mercadillo sólo abre algunos días de la semana, mientras que el bazar es una institución permanente y el verdadero centro de la vida económica de las ciudades orientales, una ciudad dentro de la ciudad. Además de los mercadillos y los bazares, existen las ferias rurales de ganaderos y de buhoneros. Éstas se celebran determinados días de la semana en las campas al aire libre, a las afueras de la ciudad. A estas ferias acuden los campesinos de la comarca para ofrecer sus productos. Se venden camellos, ovejas, cabras, gallinas, y también quesos, granos, hierbas y otras muchas cosas. En los famosos mercados de camellos que solían instalarse en las lindes de los desiertos hoy apenas se ven camellos y, cuando los hay, son más bien una atracción para los turistas deseosos de sacar una foto en recuerdo de sus vacaciones. La compra y venta de los camellos ha disminuido porque esos «barcos del desierto» van siendo reemplazados por los camiones, el ferrocarril y el avión. En Oriente también existen los mercados que nosotros llamamos «del rastro» o «encantes». Los turcos los llaman *bit pazar*, «mercado de piojos».

Hay bazares en todos los lugares de Orien-

te. Por desgracia, están perdiendo su carácter típico: a los establecimientos les ponen escaparates, y a los artículos, precio de venta fijo. De esta manera, el cliente que pasa por la calle ya no puede tocar la mercancía, ni regatear. Por eso, en algunos de estos países quieren evitar que los invadan las costumbres comerciales de Occidente.

El bazar es un laberinto de callejones, en donde el forastero difícilmente consigue orientarse si no lleva guía. Se organiza por oficios y gremios. Tradicionalmente se ubicaban en el centro de la ciudad, al lado de la mezquita mayor. Las construcciones se adaptan a las circunstancias históricas, económicas y climáticas. Bajo el ardor del mediodía, por ejemplo, las calles entoldadas brindan una sombra agradable para pasear. A menudo estas calles tienen una distribución radial a partir de la mezquita. Los edificios son de ladrillo o adobe. En otros tiempos también eran de madera, pero se abandonó esta costumbre a raíz de un incendio que hubo en el Gran Bazar de Estambul. Las tiendas son cubículos abiertos a la calle, de una sola planta. Guardan la mercancía en galpones resguardados y patios traseros. A la hora de cerrar, se limitan a bajar una persiana. Los comerciantes no temen que nadie les robe, porque los bazares cuentan con vigilantes eficaces. Junto con la mezquita mayor, constituyen lo que se llama la ciudad vieja o *medina*.

Comercio y artesanía

Hay dos diferencias entre la actividad del bazar y la de unos grandes almacenes como los que tenemos nosotros. La primera es que muchos de los artículos ofrecidos en los bazares se fabrican allí mismo; la segunda, que apenas existen los precios fijos. El vendedor negocia el precio de la mercancía en un diálogo personal con el comprador.

Entre otros, están representados los gremios de alfareros, herreros, orfebres, joyeros, tintoreros, curtidores, tallistas y torneros en madera, tejedores de telas y alfombras, y sastres.

¿Cómo definiríamos al *basarí*, el comerciante del bazar? El oficio de mercader siempre gozó en Oriente de gran consideración; el mismo profeta Mahoma era hijo de un mercader. Entre ellos, los más jóvenes se nos presentan vestidos de occidentales, en camisa y vaqueros, mientras que los viejos todavía llevan chilaba o túnica de algodón con pantalones bombachos y turbante o fez, el gorro troncocónico de fieltro rojo que llevan los marroquíes.

En cuanto al diálogo de venta, una de las «reglas de oro» del regateo es que «la prisa es obra del diablo». Paciencia y dar largas para conseguir que el vendedor rebaje el precio, son las cualidades que ha de aportar el cliente.

Las normas de este diálogo las dictan la mentalidad de la población, sus actitudes morales y sus tradiciones. Para el éxito de la operación, unas palabras amistosas y una actitud hospitalaria son tan necesarias como el conocimiento de la mercancía y de los precios corrientes, y la perseverancia para discutir el rato que haga falta. Pero siempre sin sacarle defectos a la mercancía: el que busca taras, creyendo que así va a conseguir un precio más favorable, nunca será tomado en serio como comprador.

Además de los artículos en venta, el visitante del bazar encuentra infinidad de distracciones. Como en nuestras ferias medievales, allí actúan saltimbanquis, acróbatas, narradores de cuentos, anunciadoras de la buenaventura, curanderos, tragasables, encantadores de serpientes, domadores de osos y músicos ambulantes. Cuando contemplamos las zonas peatonales de nuestras ciudades de Occidente, vemos que la vieja tradición resucita en forma de mimos, payasos y músicos callejeros.

El bazar es un mundo exclusivamente masculino. La mujer participa en la producción, por ejemplo tejiendo alfombras en casa, pero no se dedica a la venta. Otra diferencia en comparación con los países occidentales es que los niños intervienen en la vida económica. En Oriente se empieza a trabajar con doce años para ayudar a la familia, por ejemplo, haciendo de limpiabotas o de vendedores callejeros.

El juego de las joyas

Siempre que tiene un rato libre, al anochecer, la señora González procura dedicarlo a los pequeños. En verano salen al jardín y cantan a la luz de unas velas, o ponen música en la habitación y bailan. Últimamente la madre de Magda les lee el relato de un libro oriental que tiene casi cien años. Es la historia de un huérfano inglés en la India, llamado Kim. Sus amigos indios lo llaman «el pequeño amigo de todo el mundo». Kim tiene mucho trato con la gente, viaja por todo el país empleándose como aprendiz con muchos amos, y así aprende muchas cosas sin haber ido nunca a la escuela.

En una de sus aventuras, Kim se coloca en el establecimiento de un chamarilero. Es un hombre muy hábil en el trabajo y la reparación de piedras preciosas, y todos sus clientes lo llaman «el curandero de las joyas», aunque su verdadero nombre es Lurgan Sahib. En el obrador hay otro aprendiz que se llama Anand-Kumar. Cierto día el amo les propone un pasatiempo, el «juego de las piedras». Kim no sabe de qué hablan, pero Anand-Kumar, que lleva más tiempo con Lurgan, corre a buscar en la trastienda un cuenco de cobre y se lo entrega al maestro. Éste deja caer en el cuenco un puñado de piedras preciosas y les dice a los chicos que se fijen bien. A continuación cubre las piedras con un periódico y le pide a Kim que diga lo que ha visto. Deseoso de lucirse, Kim hace memoria y contesta:

—Debajo de este periódico hay cinco piedras azules, la grande, la mediana y tres pequeñas. También cuatro piedras verdes, una de ellas con un agujero... y una piedra amarilla, otra roja y dos más que no recuerdo.

Atenta al cuento, Magda se queda esperando a ver qué dirá el otro aprendiz, y su madre sigue leyendo.

—Ésta es mi cuenta —dice Anand-Kumar, retorciéndose de risa—. Para empezar, hay dos zafiros con defectos. Luego hay una turquesa del Turquestán, una sencilla con vetas negras, dos con inscripciones, una con el nombre de Dios en oro y la otra está agrietada porque la estropearon al desmontarla de un anillo...

Con lo que Kim se queda atónito ante los profundos conocimientos del chico y su excelente memoria. Y se promete a sí mismo que entrenará la suya hasta conseguir lo mismo.

La madre se interrumpe para explicar que estos juegos de memoria todavía se practican y se llaman «juegos de Kim», y luego prosigue leyendo el libro. Pero ahora Magda está distraída y apenas la escucha.

En su imaginación ve esas piedras preciosas que brillan en el cuenco. Cada vez le pesan más los párpados. Oye la voz monótona de su madre que lee y de pronto se ve a sí misma en la tienda del chamarilero, sosteniendo entre las manos el cuenco lleno de gemas. Frente a ella hay un chico que casi podría ser un hermano de Zubeida, piensa Magda. Pero éste lleva turbante y pantalones bombachos, y va enfundado en una túnica de algodón que le recuerda a Magda la vieja bata a rayas de su padre. Calza unas extrañas zapatillas de fieltro con las punteras dobladas hacia arriba. El chico le guiña un ojo a Magda y susurra en voz baja:

—¡Ven conmigo!

Los dos salen de la tienda. En la calle hay poca luz. Han tendido una cubierta de cañizo, y sopla una brisa fresca. El chico toma a Magda de la mano y corren juntos sobre los adoquines de la ciudad antigua. Las tiendas se suceden una tras otra. No tienen cristales ni puertas. Todo el género puede verse desde la calle. Los tenderos que esperan clientela visten todos igual que el nuevo amigo de Magda. Se oye música por todas partes y una barahúnda de voces que ella no entiende. Recorren el laberinto de callejones y llegan a un barrio de vendedores de alfombras. Son piezas preciosas, con muchos dibujos y adornos. La abuela de Magda tiene una alfombra así, colgada de la pared a manera de tapiz. La abuela dice que si se rasca y rasca la alfombra, todavía se le saca arena del desierto.

En otro sector venden calderas de cobre y tienen platos de latón colgados de las paredes. En uno de los establecimientos, un niño se inclina sobre un plato pequeño de metal y lo golpea con un martillito y un clavo. En el metal va apareciendo una delicada filigrana.

Magda lo contempla con curiosidad; a su lado se encuentra el muchacho que parece un hermano de Zubeida. Se vuelve hacia él para preguntarle cómo se llama, y en ese preciso instante se oye en las calles una voz fuerte de hombre. El chico exclama:

—¡Es la hora de la oración! —y desaparece corriendo entre la multitud.

La voz repite la llamada varias veces y de pronto Magda entiende lo que dice:

—¡Es hora de ir a la escuela! ¡Despierta, Magda! —repite la madre.

Magda abre los ojos poco a poco. ¿Lo habrá soñado todo? ¿Quizá la madre estuvo leyendo hasta la madrugada, como Sherezade en los cuentos de *Las mil y una noches*?

Simsim Simsim Simsim

Tradicional del Kurdistán

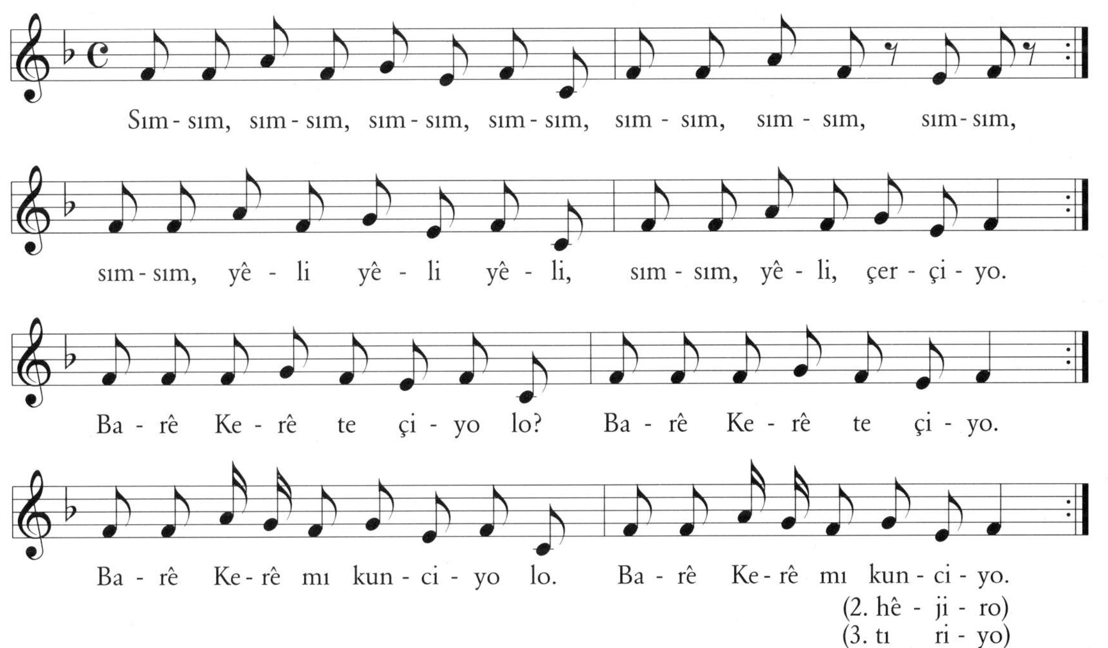

Simsim, yêli, yêli, yêli, simsim, yeli, çerçiyo.
Simsim, yêli, yêli, yêli, simsim, yeli, çerçiyo.

¿Qué traes tú con tu asno?
¿Qué traes a nuestro pueblo?
Traigo el asno bien cargado,
a vuestro pueblo os traigo

1. Sésamo
2. Higos
3. Uvas...

Simsim, yêli, yêli, yêli, simsim, yeli, çerçiyo.
Simsim, yêli, yêli, yêli, simsim, yeli, çerçiyo.

En el laberinto del bazar

SALUDOS EN EL BAZAR

En Oriente son varias las maneras de saludar. La más conocida para nosotros es el assalamu 'alaikum *(en árabe, «la paz sea con vosotros»). En Persia la gente también dice* Khoda hafez *(«con Dios»), y los turcos tienen, entre otras fórmulas, el* merbaba *(«bienvenidos»). En las danzas orientales aparece otro saludo muy antiguo, pero que aún puede verse en algunas comarcas de Oriente, y es el que consiste en llevarse los dedos de la mano derecha al pecho, a los labios, a la frente y alzarlos finalmente hacia arriba. Lo cual significa «que todo cuanto yo siento, digo, hablo y pienso sea agradable a Dios».*

Material: Música oriental de fondo.
Edad: Cualquiera.

Al son de la música, los jugadores caminan de un lado a otro de la habitación, ya que todavía son forasteros en el bazar y no se conocen. A la voz de «¡saludo!», se inclinarán a la manera árabe cada vez que se encuentren, con los brazos cruzados delante del pecho y exclamando *assalamu 'alaikum.* Cuando el director del juego diga «¡calle de los tejedores de alfombras!», los demás formarán una calle y simularán con la mímica que están tejiendo. Cuando el director diga «¡saludo!», echarán a andar otra vez de un lado para otro saludándose mutuamente.

Se pueden inventar más calles: de sastres, zapateros, alfareros, orfebres o tallistas en madera. Para mayor facilidad, convendrá comentar previamente estos oficios y cómo pueden representarse con gestos, incluso ensayándolo.

Variante

Los jugadores se reparten en distintos gremios y forman las calles, pero todas al mismo tiempo esta vez. Un «cliente» pasea al son de la música por las callejas del bazar mientras los «artesanos» representan cada uno el trabajo de su oficio. Cuando el director del juego interrumpa la música, el cliente se detendrá en la calle donde esté y escogerá un interlocutor para la «compra». Ésta se efectúa sin palabras: el «artesano» hará, con grandes aspavientos, el elogio de su mercancía. El «cliente» indicará un precio con los dedos, a lo que el «artesano» se negará meneando la cabeza. Entonces el «cliente» aumentará el precio sacando un dedo más. El «artesano» lo acepta y pasa a ser comprador a su vez, y a recorrer el bazar. El juego continúa hasta que no quedan tenderos.

LA CANCIÓN DEL BAZAR

Edad: Cualquiera.

Con este juego aprenderemos a regatear. El cliente y el basarí harán los gestos del caso. Se canta en diálogo o si los niños son pequeños, todos juntos en grupo. Cuando el cliente y el basarí llegan a un acuerdo, exclaman juntos *meschi!,* que en árabe significa «¡trato hecho!».

Salam alaikum, basarí

Letra: Sybille Günther
Música: Ahmet Bekta y Pit Budde

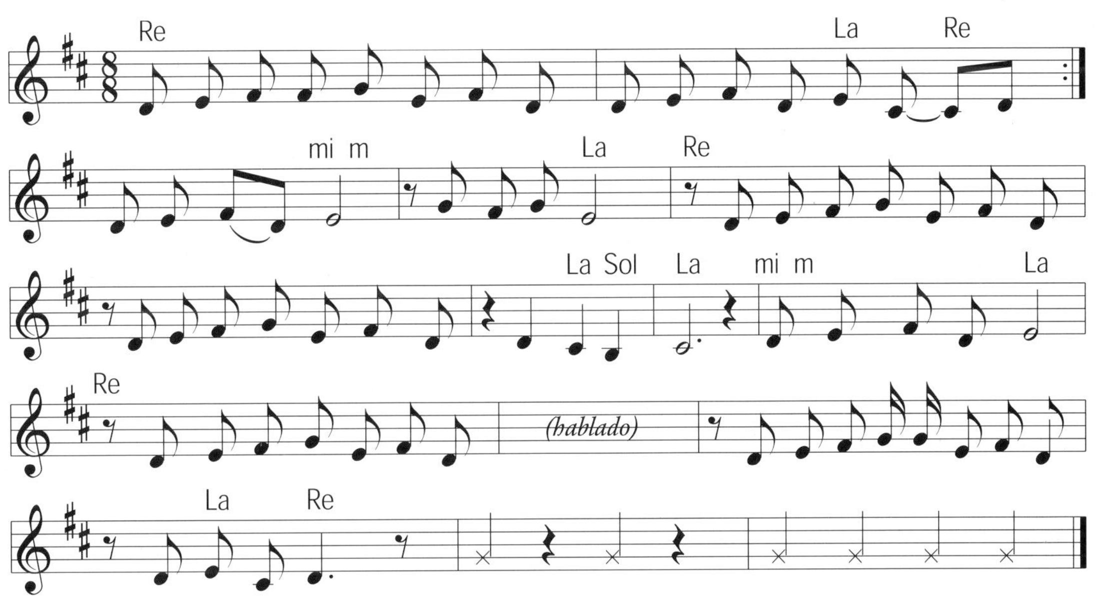

Salam alaikum, basarí,
¿cuánto cuestan?
Siéntate y sé mi invitado.
Estas telas de lo más fino
lo más precioso y mejor,
¡toca, toca! que yo no engaño.
Dime el precio basarí.
[hablado] *El precio dímelo tú.*
Dos piastras doy, basarí,
Doy dos piastras.
¡Ocho!
¡Cuatro!
¡Seis!
¡Cinco!
[Los dos] ¡meschi!

Salam alaikum, basarí,
¿cuánto cuestan?
Siéntate y sé mi invitado.

Tinajas son de buen cobre
y platos de fino metal
martillado y cincelado.
Dime el precio basarí.
[hablado] *El precio dímelo tú.*
Dos piastras doy, basarí,
Doy dos piastras.
¡Ocho!
¡Cuatro!
¡Seis!
¡Cinco!
[Los dos] ¡meschi!

Salam alaikum, basarí,
¿cuánto cuestan?
Siéntate y sé mi invitado.
Especias son de la India,
las mejores hallarás aquí.
¡Prueba! ¡Llévatelas a casa!
Dime el precio basarí.
[hablado] *El precio dímelo tú.*
Dos piastras doy, basarí,
Doy dos piastras.
¡Ocho!
¡Cuatro!
¡Seis!
¡Cinco!
[Los dos] ¡meschi!

EL PARAÍSO DE LOS FALSIFICADORES

En el bazar encontraremos al comerciante serio y respetable y también al pillo redomado que anda buscando un dinero fácil. Como también ocurre en nuestros comercios, el engaño consiste en copias baratas de marcas de buena calidad.

Material: Papel (DIN A4), lápices de colores, regla.
Edad: Cualquiera.

Sobre dos hojas DIN A4, cada niño traza con lápices de colores y una regla varias franjas de 1 cm de ancho. (Si los niños son muy pequeños se las daremos con las franjas ya dibujadas.) En la primera hoja diseñaremos «patrones para tapices» como más nos guste, por ejemplo una franja con círculos y cruces, la otra con triángulos de distintos colores, la tercera con puntos y aspas, etcétera. Una vez completada la primera hoja, copiaremos los «patrones» en la segunda, pero incluyendo en ésta tres «errores» o diferencias; por ejemplo, en la franja que tiene triángulos, intercalamos un cuadrado. Cuando todos hayan confeccionado un patrón «auténtico» y otros uno «falsificado», se intercambiarán las hojas y todos tratarán de adivinar cuáles son las «falsificaciones». ¿Quién tardará menos en descubrirlas?

EL LADRÓN DE BAGDAD

Así como hay mercaderes poco honorables también hay clientes poco honorables. Los ladrones del bazar son como las personas que roban artículos de nuestros grandes almacenes.

Material: Tiza, varias maderas, piedras u otros objetos de que se disponga.
Edad: Cualquiera.

Se juega en una habitación grande o al aire libre. Como preparación, trazar en el suelo cinco círculos grandes e iguales. Uno de ellos es «la casa del ladrón»; los demás son «establecimientos» donde se ofrecen a la venta diversos objetos.

Los jugadores forman un corro y cierran los ojos. El que dirige el juego toca a uno con la mano para elegir quién será el ladrón. A una señal, todos abren los ojos y empiezan a caminar de un lado a otro por la estancia, sin pisar los círculos. A la primera oportunidad, el ladrón «roba» un objeto. Si alguien lo sorprende haciéndolo, gritará «¡al ladrón!» y todos tratarán de prenderlo, pero siempre sin pisar los «establecimientos».

Si el ladrón consigue entrar en su «casa» sin que nadie lo haya atrapado, queda libre y se puede pasar a otro turno con un ladrón diferente.

CALLE DE LOS TINTOREROS, LOS MERCADERES DE TELAS Y LOS SASTRES

ENTENDER DE TELAS

Algunas ciudades del Oriente son famosas por sus artesanías o comercio de telas. El damasco, una tela fuerte de seda o lana con dibujos brillantes formados en el tejido, se fabricaba en la ciudad de Damasco, la capital de Siria. Otras sedas se tejían en China y pasaban a Oriente por «la Ruta de la seda», de donde salían hacia muchos países del mundo. En la actualidad, el comercio textil todavía es una rama importante del bazar. El comerciante entendido ha de saber valorar al tacto la calidad de las telas.

Material: Varios retales de telas que se puedan distinguir fácilmente (dos de cada género): algodón, terciopelo, seda, lino, toalla. Un paño para vendar los ojos.
Edad:: Cualquiera.

Los jugadores eligen a un «comerciante de telas». Con los ojos vendados, se le ofrecerán varias telas para que las ordene por clases sobre una mesa, de dos en dos. Una vez clasificadas, juzgaremos si el «mercader» merece llamarse entendido.

TEÑIR EL ALGODÓN

En las calles de los mercaderes de telas hallaremos muchos establecimientos que ofrecen unas balas enormes de géneros de vivos colores. En Marruecos, por ejemplo, hay barrios enteros de curtidores y tintoreros, donde se preparan y tiñen las pieles. Para dar color a las telas y las pieles todavía utilizan tintes vegetales, y tanto éstos como el procedimiento son de gran antigüedad y casi los mismos que se empleaban entre nosotros.

Material: Sábanas y fundas de almohadas viejas, o similares, y pigmentos textiles del comercio (atención a las instrucciones del fabricante), barreño de plástico y guantes de goma.
Edad: A partir de 4 años (con ayuda).

Para fabricar decorados o prendas se necesitan cantidades considerables de tela, y es mejor teñirlas en la lavadora. Las cantidades pequeñas para turbantes y similares pueden teñirse a mano con la ayuda de los pequeños. Se obtienen bonitas muestras estilo *batik* retorciendo previamente el retal y atándolo con un hilo en diferentes puntos a la manera de un embutido.

FABRICAR UNA CHILABA

En los países árabes los hombres que van al mercado llevan una túnica de algodón que los protege del sol y de la polvareda. De noche también abriga del frío.

Material: Un retal de lino o similar.
Edad: A partir de 4 años (con ayuda).

Doblar el retal por la mitad. La mitad anterior se corta longitudinalmente por el centro y ya se puede llevar la chilaba. La mitad entera es la espalda y las dos mitades anteriores los delanteros. Para fijarla, puede ceñirse a la cintura con un chal o un pañuelo.

ENROLLAR EL TURBANTE

El turbante es el tocado originario de todos los musulmanes. Su nombre proviene de la raíz persa turban. *Es una franja de muselina o seda que se enrolla artísticamente en la cabeza para formar una especie de gorro.*

Material: Tela de algodón, aprox. 1,50 × 0,50 m.
Edad: Cualquiera.

Hay varias maneras de enrollar el turbante. La más sencilla es la que practicamos cuando nos lavamos el cabello: dejar la cabeza colgando, y envolverla con la tela de modo que los dos extremos cuelguen a igual distancia. Entonces los juntamos y los retorcemos por igual hasta que se forma una cola que por sí misma se dobla hacia atrás. Fijamos el extremo introduciéndolo por la parte de la nuca y ya tenemos el turbante. Si se prefiere que éste ciña la cabeza, se retuerce cada extremo por su lado formando algo parecido a dos cordones, derecho e izquierdo. Con ellos nos ceñimos la cabeza cruzándolos y reuniéndolos por detrás para remeter nuevamente los extremos sobre la nuca.

TURBANTE COSIDO

Material: Retal de algodón (1,50 × 0,50 m) y otro de color diferente para la pieza de centro, guata de relleno, cinta de envolver regalos, un broche con perla gruesa y máquina de coser.
Edad: A partir de 8 años.

- Doblar la pieza de algodón, derecho sobre derecho, y coserlo a máquina en forma de manguera.
- Volver ésta del derecho y rellenarla de guata en todo lo que corresponde al perímetro de la cabeza, sin apretar demasiado. Los extremos no se rellenan, sino que se anudan a la medida exacta de la cabeza; el nudo se vuelve hacia la parte interior y se cose.

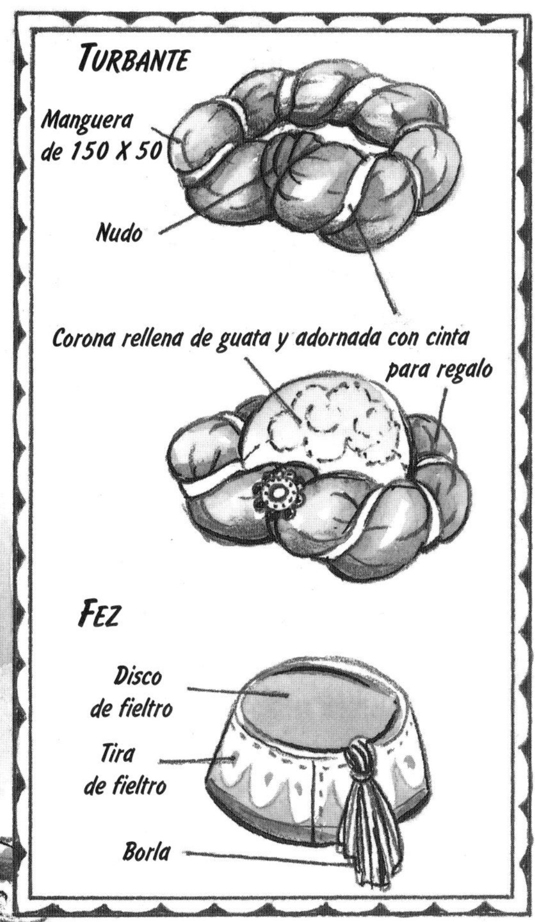

- Enrollar la cinta para regalo en forma de espiral alrededor del turbante.
- Para la pieza central, recortar en la pieza de color diferente dos círculos iguales, más grandes que el diámetro interior de la corona del turbante.
- Coser a mano el primer círculo en el interior de la corona del turbante y distribuir un poco de guata sobre el mismo.
- Colocar el segundo círculo sobre la guata y coserlo también con la corona, dándole a la pieza central la forma de la cabeza.
- Adornar la parte del nudo con un broche grande.

FABRICAR UN FEZ

El fez es una gorra de fieltro rojo, de forma troncocónica y plana por arriba, con una borla azul, negra o dorada. En otros tiempos muy difundido en Oriente, lo impuso el sultán Mahmud II en 1832 a todos los funcionarios y soldados del Imperio turco en lugar del turbante. En 1926 fue prohibido en Turquía, pero sigue siendo bastante usado en los países del Magreb.

Material: Fieltro rojo, aguja de coser, hilo.
Edad: A partir de 4 años (con ayuda).

Colocar sobre el fieltro el platillo de una taza de té, contornear un círculo con el lápiz y recortarlo. Tomar la medida de la cabeza con una cinta y añadir 2 cm para la costura. Recortar una tira de fieltro de la medida que se ha tomado y de un ancho de 7 cm. Coserla alrededor del círculo y cerrar la tira verticalmente con una costura. Si los niños son muy pequeños, una persona adulta les coserá el fez a máquina.

Fijar una borla pequeña por la parte de la costura.

BORLA

Material: Lana, tijeras.
Edad: A partir de 4 años.

Enrollar el hilo de lana alrededor de la mano izquierda hasta obtener una madeja de unos 3 cm de ancho. Enhebrar otro pedazo de hilo y atar fuertemente un lado de la madeja (con ayuda de otro niño, si hay dificultad en hacerlo solo). Una vez anudada la madeja, con las tijeras cortamos el lado opuesto para formar la borla. Envolver un trozo del extremo atado y anudar de nuevo.

PAÑUELO

Pocas cosas son tan discutidas como el pañuelo con que se cubren la cabeza las mujeres islámicas. Se lleva, en parte, por deber religioso, y en parte por tradición o por costumbre, como una prenda más de la indumentaria habitual. Muchas mujeres turcas ni siquiera lo usan. En muchas familias la discusión sobre el pañuelo ya quedó resuelta en la década de 1920, otras todavía están en ello. Hay distintas maneras de llevarlo y anudarlo. Un adorno frecuente es una franja de perlas con que se ribetea a punto de ganchillo el pañuelo.

Material: Un retal cualquiera de 70 × 70 cm.
Edad: A partir de 4 años (con ayuda).

Hacer el dobladillo del pañuelo y fijar las perlas o abalorios con puntos sencillos de aguja.

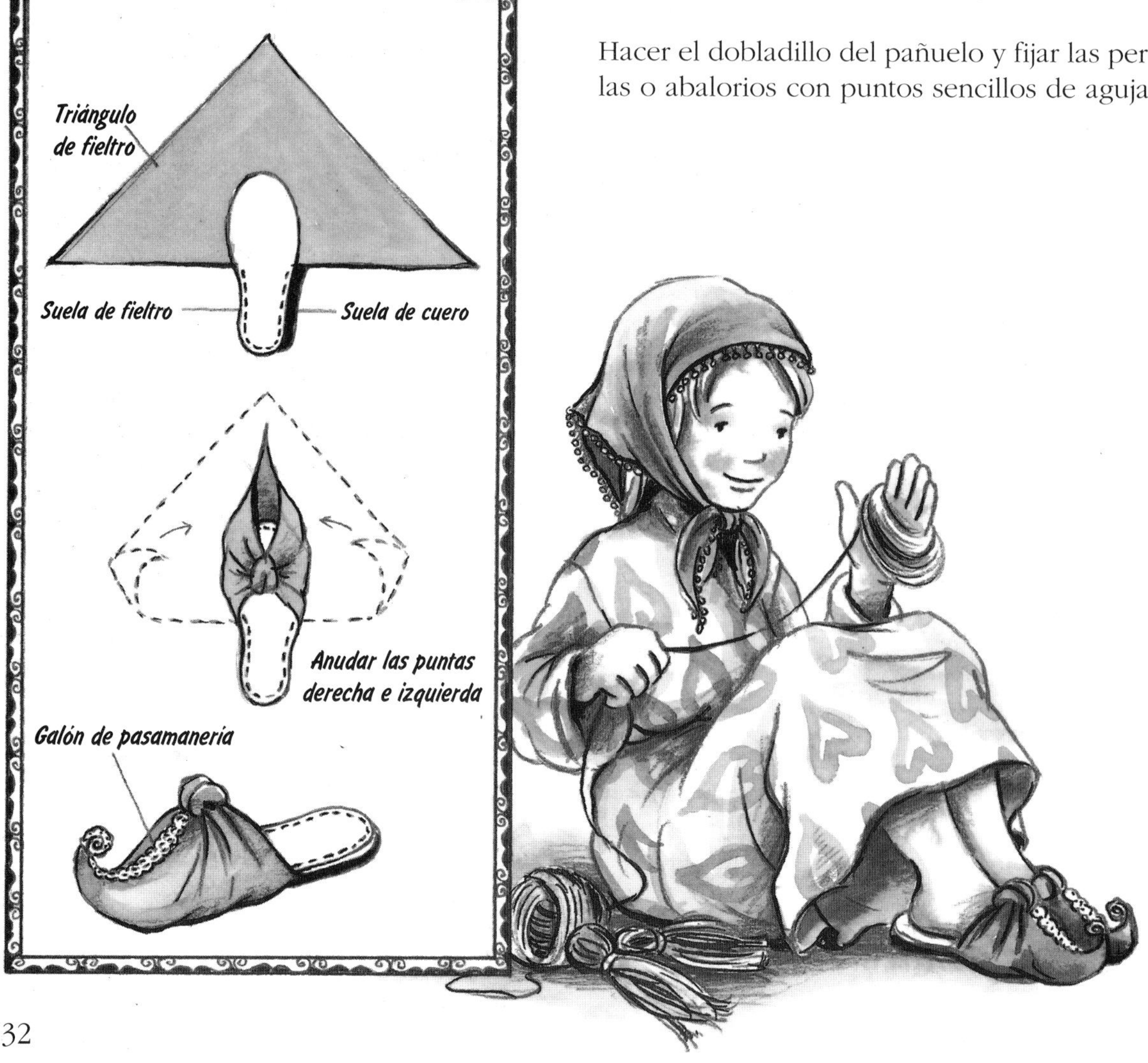

COSER UNAS BABUCHAS

Aparte de los zapatos corrientes de calle y las sandalias, en todo el ámbito oriental se usan también las babuchas, hoy día reducidas a la función de zapatillas de andar por casa. En las babuchas se introduce sólo la parte anterior del pie y no tienen talón ni tacones. A diferencia de nuestras zapatillas, las babuchas suelen ir ricamente ornamentadas. Los tuareg llevan una especie de mocasines de cuero con talón.

Material: Fieltro, cuero, tira de pasamanería.
Útiles: Tijeras, aguja para coser cuero, hilo fuerte.
Edad: A partir de 8 años (con ayuda).

- Apoyar el pie derecho sobre el fieltro y trazar el contorno con un rotulador negro. Corregir la plantilla del pie de manera que la parte más larga no corresponda al lado izquierdo (dedo gordo del pie), sino al centro.
- Recortar la silueta y colocarla sobre la pieza de cuero. Trazar el contorno con el rotulador y recortar el cuero para obtener la suela.
- Enhebrar la aguja y coser las dos piezas, pero de momento sólo la parte correspondiente al talón.
- Recortar un cuadrado de fieltro que mida pie y medio de largo y ancho.
- Doblar el cuadrado por la diagonal y recortarlo, con lo que se obtienen dos triángulos.
- Introducir uno de los triángulos entre la suela de cuero y la plantilla de fieltro, de manera que asomen los vértices derecho e izquierdo a distancias iguales y la punta rectangular sobresalga por delante. Entonces terminamos de coser la suela con la plantilla y el fieltro.
- Colocar el pie derecho sobre la plantilla, con la suela de cuero en el suelo, juntar las tres puntas del fieltro y anudarlas con doble nudo. Coser las puntas sobre la parte superior de la babucha.
- Coser la parte superior del fieltro con pespuntes largos; despues tiraremos del hilo para levantar la punta de la babucha que sobresale de los dedos de los pies.
- Sobre esta costura se coserá el galón de pasamanería enrollando el extremo anterior en forma de caracol.

Repetir las mismas operaciones para la babucha del pie izquierdo (véase la figura de la pág. 32).

ADORNAR UN CHÁNDAL

Material: Chándal viejo de gimnasia, lentejuelas y abalorios, aguja e hilo de lana.
Edad: Cualquiera.

Decorar el chándal a gusto de cada uno. Si los niños son de corta edad, realizará la decoración una persona adulta, pero respetando los materiales y colocación que cada niño ha elegido.

CALLE DE LOS ORFEBRES Y CINCELADORES

FAROL ORIENTAL

Los objetos de metal tienen su lugar destacado en el bazar, de ahí que se oiga el ruido de los martillos en todos los tonos de la escala. Con el martillo y el buril los cinceladores decoran la superficie de platos, vasos y lámparas de metal.

Material: Bote de hojalata, abalorios, piedras de bisutería, alambre.
Útiles: Martillo, clavo, destornillador.
Edad: A partir de 4 años (con ayuda).

Con el martillo y el clavo, practicar agujeros en el bote de hojalata. Los agujeros se dispondrán formando un motivo decorativo, o de manera espontánea. A través de ellos asomará la luz de una vela de té cuando el farol esté acabado.

En el borde superior del bote se efectuarán dos agujeros diagonalmente opuestos y se pasará un alambre. Doblaremos otro pedazo de alambre en forma de gancho para colgar el farol.

Para adornarlo pegaremos las piedras de bisutería en el costado del bote. Agujereamos el borde inferior y pasamos hilos formando cuentas de abalorios, pero asegurándose de que los hilos no vayan a entrar luego en contacto con la vela.

Nota: Si se usa este farol para una decoración de ambiente, no instalarlo nunca cerca de ninguna cortina o colgante que pueda ondear con el aire (y prender fuego con la llama de la vela).

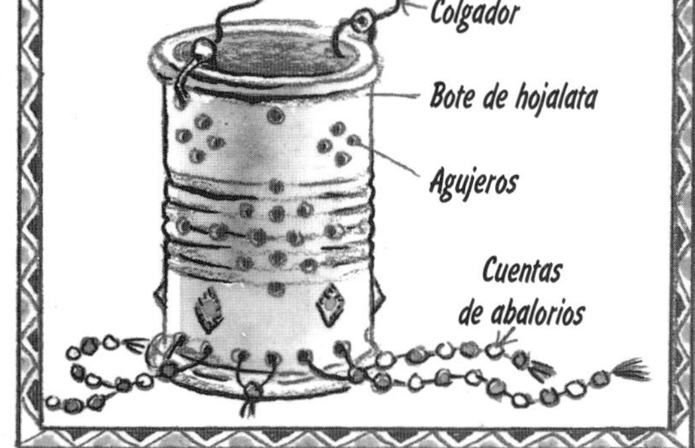

CUADRO DE COBRE REPUJADO

Conocemos los platos de latón finamente cincelado, que muchas veces son obra de artesanos niños. Con frecuencia vemos que utilizan a manera de yunque una plancha vieja puesta al revés. Podemos imitar fácilmente estas realizaciones.

Material: Chapa de cobre de 14 × 18 cm y grosor aprox. 0,3 mm; tablilla de contrachapado de 12 × 16 cm.

Útiles: Bolígrafo, aguja de hacer punto, lápiz, tijeras.
Edad: A partir de 8 años.

Con el bolígrafo, calcar o dibujar a mano alzada sobre la chapa de cobre un motivo oriental (mezquita, palacio, palmera, camello o similar). Hay que apretar fuerte con el bolígrafo, de modo que el dibujo se vea al reverso de la chapa de cobre. Todos aquellos detalles que en la obra terminada deban aparecer de hueco (las puertas y las ventanas por ejemplo) se repujarán con la aguja de hacer punto en el anverso. Lo que deba quedar en relieve (cúpulas, murallas...) se trabajará por el reverso, repasando por ejemplo con la contera de un lápiz. Por último, repasaremos todas las líneas con el bolígrafo, para que resalten.

A fin de conservar este trabajo lo montaremos sobre una tabla de contrachapado, doblando sobre la periferia los bordes sobrantes de cobre para fijar el paisaje.

Variante: AMULETOS DE ALUMINIO
Material: Fundas de aluminio de velas de té consumidas.
Útiles: Tijeras, aguja de hacer punto de media, hilo de algodón, rodillo de amasar.
Edad: A partir de 4 años.

Una vez vaciados, los casquillos de aluminio de las velas de té usadas proporcionan un buen material para ejercicios preliminares, antes de empezar a trabajar con la chapa de cobre.

Realizar 8 cortes en el borde del aluminio a distancias iguales, como si se tratase de una tarta. Doblar los rectángulos así formados en el borde para convertirlos en triángulos y obtener una estrella o «sol». Con el rodillo de amasar aplanamos la figura de aluminio y luego, con la aguja de hacer punto, la repujamos dibujándole puntos, circulitos o rayas. Una vez decorada de esta manera, perforamos con la aguja una de las puntas y le enhebramos un trozo de hilo de unos 50 cm de largo. Así podremos llevar el amuleto al cuello.

CALLE DE LOS JOYEROS

EL «JUEGO DE KIM»

Además de oro y plata, en los callejones del bazar hallaremos piedras preciosas de diversas calidades.

Material: Piedras de bisutería de las empleadas en decoraciones, o botones variados.
Edad: A partir de 4 años.

El que dirige el juego pone sobre la mesa un puñado de piedras, permitiendo que los jugadores las contemplen un rato antes de cubrirlas con un pañuelo.

Los jugadores tratan de adivinar cuántas piedras hay debajo del pañuelo. El que se haya acercado más a la cantidad se adjudica las piedras y pasa a dirigir el juego, pero variando cada vez la pregunta, por ejemplo: «¿cuántas piedras azules hay debajo del pañuelo?», etcétera.

El mismo juego puede realizarse con otros objetos.

BRAZALETE

En las danzas orientales muchas bailarinas llevan un brazalete de plata.

Material: Cucharilla vieja de metal.
Útiles: Martillo, taco o tabla de madera.
Edad: A partir de 8 años.

Este brazalete con figura de serpiente se fabrica martilleando una cuchara sobre una tabla o un taco de madera puesto en el suelo.

En primer lugar martillaremos el hueco de la cuchara hasta dejarlo completamente plano.

Al hacerlo, comprobaremos que el mango empieza a doblarse. Para adaptar la curvatura al diámetro de la muñeca o del brazo, vamos martilleando el mango de izquierda a derecha, hacia el extremo, mientras la mano izquierda sujeta la cuchara por donde antes tenía el cuenco, y levantando esta mano poco a poco.

CALLE DE LOS PERFUMISTAS Y VENDEDORES DE INCIENSO

INCIENSO Y VELAS AROMATIZADAS

Desde la antigüedad, Oriente ha sido famoso por el comercio del incienso. La ruta del incienso era el trayecto más conocido de los antiguos recorridos de las caravanas. Iba desde el sur de la península arábiga hasta el mar Mediterráneo, abarcando más de 3.000 kilómetros. Y así llegaba el incienso a los bazares levantinos. Éste proviene de un árbol que sólo se da en tres regiones: una franja del territorio de Arabia meridional de sólo 15 km de ancho, el traspaís de la costa del África oriental y la parte oriental de la India. La humedad le perjudica y sólo crece en los suelos calcáreos. El incienso para sahumerios está hecho con la resina del árbol del incienso. Hace miles de años que viene usándose para perfumar el ambiente y con fines medicinales. En muchos lugares era el olor más agradable para ofrecer a Dios, y la Iglesia católica sigue quemando incienso en las grandes solemnidades litúrgicas. Para ello se utiliza el incensario, un quemador en forma de calabaza.

Material: Incienso en varillas o conos, acículas de pino o de abeto del país, incensarios o quemadores, cerillas.
Edad: A partir de 4 años (con ayuda).

Los niños recogerán ramas de pino y de abeto. Reunir al grupo formando un corro. Para empezar, se quemarán las acículas de coníferas oriundas del país, a fin de comparar su olor y su combustión con los de las varillas o los conos de incienso.

Nota: Aquí se propone jugar con fuego; por tanto la actividad debe desarrollarse bajo la supervisión y dirección de una persona adulta.

CONOCER AROMAS

Además de quemar incienso, los antiguos orientales fueron grandes conocedores de los perfumes, que se obtenían destilando aceites de las plantas. Los griegos y los romanos compraban en Persia, principalmente, la madera de sándalo, la esencia de rosas y el almizcle. El aceite de rosas era muy costoso. La flor es originaria de Persia y fue introducida en la Europa medieval por los monjes. Para obtener un kilogramo de aceite de rosas hay que destilar unos 4.000 o 5.000 kilos de flores. Por eso es tan caro el aceite esencial, que se suele adquirir en pequeñas cantidades. Muchos de los perfumes actuales siguen fabricándose con las tres esencias que hemos mencionado, disueltas en alcohol en diferentes proporciones. El método lo inventaron los árabes. Hoy día, en las novedades de perfumería también se utilizan aromas artificiales de laboratorio.

Material: Botellines de muestra de perfumes, aceites esenciales, trozos de bayeta.
Nota: Al ser tan cara la esencia de rosas, puede reemplazarse por otros aceites esenciales, que pueden adquirirse en muchos comercios naturistas y establecimientos de parafarmacia.
Edad: Cualquiera.

Para empezar, oleremos los aceites esenciales puros y los compararemos. Luego haremos la misma prueba con perfumes comerciales y comentaremos las diferencias.

Se aconseja practicar las catas con un máximo de tres muestras cada vez, porque el olfato pierde sensibilidad rápidamente. Finalmente, cada niño puede empapar un trozo de bayeta con el perfume que más le guste y quedárselo.

Variante

Edad: A partir de 8 años.

Es un «juego de Kim» en el que utilizaremos varias muestras impregnadas de distintos perfumes. En la primera ronda circularán las muestras y el director de juego anunciará los nombres de los perfumes en voz alta. En la segunda vuelta, los jugadores olerán las muestras con los ojos cerrados. La primera vez, el que dirige el juego hará que todos los niños huelan el mismo perfume, para ver si se ponen de acuerdo. La dificultad del juego aumenta a medida que se va ofreciendo más de una muestra sucesivamente y se pide a los jugadores que adivinen los nombres con los ojos vendados.

CALLE DE LOS ENCANTADORES DE SERPIENTES, LOS RECITADORES DE CUENTOS Y LOS ADIVINOS DE LA BUENAVENTURA

ENCANTAR SERPIENTES

Es un arte procedente de la India. Allí se celebran «fiestas de la serpiente», donde se reúnen gran número de encantadores que exhiben sus habilidades.

Material: Un cesto, el cinturón de un albornoz, 2 botones pequeños, una tira de fieltro rojo, aguja e hilo de coser, hilo delgado de nailon, cuerda, sábanas, flauta.
Edad: A partir de 6 años (formando parejas y con ayuda).

Preparación:
Este truco requiere unos sencillos preliminares:

- Con el cinturón del albornoz fabricamos la «serpiente». En un extremo se cosen los dos botones, que serán los ojos, y la tira de fieltro rojo, que va a representar la lengua. En la parte alta de la «cabeza» se fija un hilo largo de nailon (para que no pueda romperse).
- En un rincón de la habitación tenderemos una cuerda y colgaremos de ella unas telas que lleguen hasta el suelo, para que pueda esconderse un niño detrás de estas «bambalinas».
- Colocar la «serpiente» en el cesto de tal manera que la cabeza quede arriba. El hilo de nailon se pasará sobre la cuerda detrás del telón.

Representación:
Se necesitan dos niños para ello. El «encantador de serpientes» se sienta con las piernas cruzadas delante del cesto y toca la flauta. El «ayudante» se colocará sin ser visto detrás del telón, para tirar del hilo que sacará a la serpiente del cesto y la hará bailar. Cuanto mejor acompasados vayan el flautista y el movimiento de la serpiente, más asombroso resultará el truco.

LA SERPIENTE KAHIRAR

Los encantadores de serpientes suelen utilizar cobras de la especie naia, *que son oriundas de la India, pero también las hay en el norte de África. Cuando las cobras están irritadas abren el costillar y entonces la variedad india deja ver la figura del lomo, que se asemeja a unas gafas. La variedad norteafricana dispara un chorro de veneno a los ojos del posible atacante. A las que vemos en el bazar les han extirpado las glándulas del veneno. El truco de tocar la flauta es sólo para despistar; en realidad las serpientes no reaccionan a la música (que no oyen), sino al movimiento que perciben.*

Material (para pintar los dedos): Pintura no irritante, trapo, papel de seda blanco, monedas de diez céntimos o botones.
Edad: A partir de 4 años.

Preparación:
Para dar más realismo al juego, hay que pintar un brazo de modo que parezca la serpiente.

- Pintar de verde el antebrazo y la mano. Cuando se haya secado la pintura, decorar los dos lados con líneas amarillas en zigzag.
- Tomar dos monedas de diez céntimos, o dos botones, y envolverlos en papel de seda blanco, que finalmente retorceremos para formar dos rabillos largos. En la parte correspondiente a la cara de la moneda se trazarán sobre el papel blanco unas rayas verticales amarillas, que serán las pupilas de la serpiente.
- Sujetar los «ojos» entre los nudillos.

La serpiente Kahirar

Brazo derecho (serpiente) sobre el tórax, brazo izquierdo (cesto) cubriendo el derecho.

En un cesto del bazar
duerme la serpiente Kahirar
en mil anillos enroscada
y no quiere ser molestada.

Levantar poco a poco el brazo derecho.

Ahora la flauta ha tocado
a la serpiente ha incomodado.
Kahirar —¿quién anda por ahí?—
se desenrosca, va a salir.

Estirar el brazo derecho lo más alto posible, con las puntas de los dedos mirando hacia el público.

La tapadera ha levantado
cuan larga es se ha estirado.
A uno y otro lado mira
Kahirar mientras se estira.

Encoger un instante el brazo derecho y amagar un ataque hacia el público.

La gente exclama ¡oh! y ¡ah!,
la serpiente se pone a bailar.
Toca la flauta, baila serpiente,
a rabiar aplaude la gente.

Levantar el brazo derecho realizando movimientos «serpentinos». Por último, cruzar los brazos sobre el pecho y hacer una reverencia.

SALTIMBANQUIS

En ningún bazar oriental pueden faltar los acróbatas y saltimbanquis. En el Marruecos actual veremos, por ejemplo, tragafuegos, domadores de osos y acróbatas que asombran y divierten a los transeúntes con sus habilidades.

Pasar la maroma

Material: Una goma elástica sencilla (para la ropa; unos 2 m).
Edad: A partir de 4 años.

Tensar la goma entre dos postes, respaldos de sillas u objetos similares. Hay que pasar por debajo, con los pies por delante y el cuerpo inclinado hacia atrás, sin tocarla. A cada turno se baja la goma un poco más.

Acrobacia menor

Edad: A partir de 4 años.

Dos acróbatas se colocan el uno frente al otro, con las puntas de los pies tocándose, y se toman de las manos. Poco a poco se van separando, inclinándose hacia atrás sin mover los pies, manteniendo el equilibrio. Cuando hayan estirado los brazos del todo y formen como una «V», poco a poco irán soltando una mano y se volverán de cara al público.

Acrobacia mayor

Edad: A partir de 8 años.

Dos acróbatas se colocan el uno al lado del otro, con las piernas abiertas y las rodillas ligeramente flexionadas adelantando un poco la pelvis para afirmarse mejor.

El tercer acróbata se acerca por detrás hasta colocarse entre ambos. Apoyándose en los hombros de sus compañeros, coloca primero el pie derecho y luego el izquierdo sobre los muslos de los acróbatas. Éstos le sujetan con una mano la pierna de cada lado para asegurar la postura.

Juegos malabares

Material: 3 pañuelos de muselina por jugador.
Edad: A partir de 6 años.

Es la manera más fácil de empezar a practicar los juegos malabares, ya que los pañuelos flotan en el aire y pueden agarrarse fácilmente por una punta. No obstante, se necesita un poco de práctica.

Sostener con la mano derecha un pañuelo y con la izquierda dos. Con la mano izquierda se lanza uno de los pañuelos hacia arriba y en diagonal hacia el lado derecho. Entonces la mano derecha lanza también un pañuelo diagonalmente hacia arriba y hacia la izquierda, y atrapa el lanzado en primer lugar. La mano izquierda lanza el otro pañuelo hacia la derecha y atrapa el segundo pañuelo, y así sucesivamente. ¡A practicar!

LA BUENAVENTURA

La creencia en la predicciones todavía se halla muy extendida en Oriente y no es raro tropezarse con alguna adivina que quiera anunciarnos el porvenir. Los horóscopos de nuestros diarios recuerdan la antigua tradición.

Material: Una tienda de campaña o unas mantas, una bola de cristal (sirve una esfera del mundo o una bola de los adornos navideños), alfombras, almohadones para sentarse, varillas de incienso (si se dispone), velas o candiles, disfraz.
Nota: Es aconsejable que el papel de adivina lo asuma una persona adulta.

Preparación:
Delimitar un espacio en el interior de la tienda de campaña o en un rincón tendiendo una manta, de manera que los clientes vayan entrando en la consulta de la adivina de uno en uno. Así ella podrá pensar las respuestas y los demás no escucharán lo que dice. Completar la decoración con la bola de cristal, las velas, el incienso y, si es posible, con el disfraz de adivina, adornado con muchos refajos y pañuelos para crear la «atmósfera» adecuada.

Realización:
La adivinación fascina a los niños. Aunque se forme una cola delante de la tienda, ellos tendrán paciencia porque es una actividad en la que cada uno goza de una atención absolutamente personal.

Claro está que no se puede adivinar el porvenir, pero, con un poco de intuición, la adivina podrá conducir diálogos muy personales con sus pequeños clientes, averiguar sus anhelos o lo que les preocupa. Les preguntará su signo del Zodíaco y les leerá las líneas de la mano. Finalmente consultará la bola de cristal, deseará a cada uno lo mejor para el futuro y les dará a entender que depende de ellos sacarle el máximo partido...

CUENTOS Y LEYENDAS

El narrador de cuentos tiene una larga tradición en Oriente. Sentado en medio del zoco, rodeado de un corro de oyentes atentos, podemos encontrarlo todavía en Afganistán y en las aldeas de Marruecos. Nuestras ideas acerca de Oriente están muy influidas por los cuentos de Las mil y una noches.

Material: Alfombras, telas teñidas, una bandeja con velas de té y varillas de incienso, almohadones para sentarse, cuentos de *Las mil y una noches*.
Edad: A partir de 4 años.

Para una «auténtica» audición de cuentos se necesita un narrador que los haya memorizado para que pueda relatarlos con fluidez. Se recomienda leer varias veces la selección de cuentos (de *Las mil y una noches*) hasta poder repetirlos espontáneamente.

Juega, entra en la rueda - Gel bize katil bize

Tradicional turca

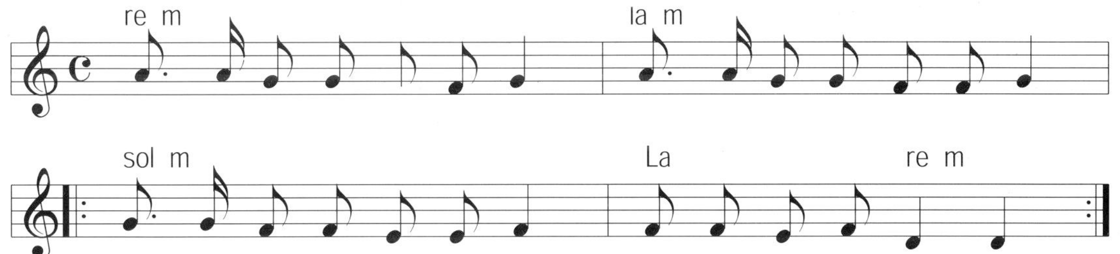

Juega, entra en la rueda,
canta nuestra canción.
Claras voces resuenan.

Baila, rueda, loy, loy.
Gel bize katil bize
Hem oyuna hem söze
Türkü söyleyip oy oy
Oynayalim loy loy

Dame la mano, pronto
entra a la rueda, pronto.
Claras voces resuenan
Baila, rueda, loy, loy.

El ele tutusalim
Halkaya katisalim
Haydi gülüm sen del gel
Oynayalim loy loy.

Tres pasos adelante, derecha.
Uno atrás, izquierda,
Es bello y divertido
Cuando bailamos.

Üç adimla saga kos
Bir adimla sola kos
Bak ne güzel ne de hos
Oynayalim loy loy

Instrucciones para la danza:
Los bailarines forman un corro o una fila, girando un poco a la derecha, de manera que van siguiéndose.

Empezando con el pie derecho, dan tres pasos hacia adelante. El pie izquierdo sigue hacia la derecha hasta tocar ligeramente el pie derecho, en seguida retrocede un paso y el pie derecho va a la izquierda, a tocar el pie izquierdo.

A continuación, volver a empezar: dar tres pasos hacia adelante empezando con el pie derecho, pie izquierdo a la derecha, atrás, pie derecho a la izquierda.

En la mezquita

Es la expresión más bella del arte islámico. La mezquita, del árabe *maçchid*, es el «lugar donde uno se prosterna»; los turcos la llaman *cami*. Su construcción se costea siempre con donaciones, motivo por el que muchas veces las mezquitas llevan el nombre del fundador principal.

Se encuentran en todo el mundo oriental. Mencionaremos aquí únicamente los centros religiosos más sagrados del islamismo. Uno de éstos es la Cúpula de la Roca, en Jerusalén, o *Qabbat as-Sahra*, el santuario islámico más antiguo, en donde puede verse la roca del monte sagrado Moriah. El santuario más importante es la Ka'ba, en La Meca, en cuyo ángulo suroccidental se encuentra la piedra negra tenida por sagrada desde tiempos preislámicos.

Al considerar los diversos elementos de la mezquita, lo que primero llama la atención es el minarete o alminar, que es una torre muy alta adonde sube el almuecín para llamar a la oración. Generalmente, la mezquita tiene un patio con una fuente que sirve para la limpieza ritual previa a la entrada. El interior de la mezquita es más bien sencillo. Se quiere preparar el ánimo de los fieles para la oración sin que nada los distraiga. Hay un nicho de la oración, *mihrab*, que indica la dirección de La Meca o alquibla, que es el punto adonde deben mirar los musulmanes cuando rezan. Este nicho suele estar ornamentado con versículos del Corán en recuerdo de María, la madre de Jesús. Al lado se encuentra el *almimbar* o púlpito, generalmente de madera, desde donde el imán predica y recita versículos del Corán. El suelo está alfombrado, motivo por el cual, entre otros, es obligado descalzarse antes de entrar. Los fieles rezan de pie, arrodillados y

sentados en el suelo. La luz desempeña una función importante, por lo que hay muchas ventanas que regulan hábilmente la iluminación interior; también es frecuente que se disponga de grandes candelabros. La ornamentación de las mezquitas es geométrica y caligráfica, porque los musulmanes tienen prohibido representar imágenes de Dios. En la decoración intervienen las *suras* o estrofas del Corán y los nombres de los principales califas.

Para entender bien la cultura oriental es necesario considerar con cierto detenimiento la religión islámica. Su fundamento es el Corán o *Qur'an*, la palabra de Dios, cuyo mensajero es Mahoma. Él se consideró a sí mismo el último profeta, siendo sus predecesores los que ya conocemos de la religión cristiana, como por ejemplo Juan el Bautista. También Jesús fue un profeta según la interpretación islámica y recibe honores como tal. Los musulmanes, en cambio, no creen que Jesús fuese Hijo de Dios, porque según ellos «Dios es único, no engendra ni fue engendrado, ni tiene parangón» (sura al-Ihhlas).

Como el Corán no abarca todas las situaciones de la vida cotidiana, se recurre a los hechos del Profeta para la interpretación, la *sunna*. Es decir, los musulmanes intentan tomar ejemplo de las palabras y los actos de Mahoma para guiar su propia conducta. Junto al Corán y la sunna intervienen el consenso de los creyentes o *ichma* y con ello la ley islámica o *shari'a*. Así quedan determinadas todas las acciones humanas; la shari'a abarca los deberes religiosos, las reglas del culto y las normas jurídicas y políticas. Se llama *halel* lo que es «conforme» a la ley, y *haram* lo que es «contrario» a ella. La shari'a también incluye disposiciones sobre las herencias. La parte que corresponde legítimamente a las hijas es inferior a la de los hijos varones, pero conviene recordar que en tiempos de Mahoma constituyó incluso un progreso que las hijas pudiesen participar de la herencia. El derecho de familia le permite al hombre tener hasta cuatro esposas, con la condición de que las trate a todas por igual: en la práctica se ha querido ver en ello una renuncia a la poligamia. Para casarse, la mujer precisa el consentimiento del padrino o tutor. El hombre puede repudiar a la mujer mediante simple declaración. Estas disposiciones de la shari'a no son compatibles con nuestro derecho civil, y constituyen una de las dificultades para la integración de los musulmanes inmigrantes en nuestro país. Únicamente el conocimiento de las dos culturas permitirá ir desmontando los prejuicios para hallar valores comunes y establecer la identidad propia de cada uno.

Los musulmanes tienen cinco deberes que son las «columnas» del islamismo. El primero es la profesión de fe. El que atestigua públicamente «no hay otro Dios más que Dios, y Mahoma es el Enviado de Dios», abraza con ello la fe islámica: *La illah il'Allah ua Muhammad rassul' Allah*.

El segundo deber es la oración cotidiana. Se reza cinco veces al día: antes del amanecer (*faghr*), al mediodía (*zukr*), por la tarde (*'asr*), después de la puesta del sol (*maghrib*) y al caer la noche (*isa*). El almuecín llama a la oración desde el alminar con unas palabras que consisten esencialmente en la proclamación de la fe, en la actualidad amplificadas por medio de altavoces. El creyente, cuando oye la llamada, se dirige hacia la fuente para purificarse, y esta operación es un lavado externo, así como un símbolo de limpieza espiritual.

Hombres y mujeres deben llevar la cabeza cubierta al entrar en la mezquita. Ellos y ellas se colocan en lugares separados para orar, los hombres en las primeras filas y ellas atrás o en la galería. Todo a fin de que la presencia de la mujer no distraiga de la oración al hombre, y ella pueda rezar con más recogimiento. Las mujeres están excluidas de la oración mayor de los viernes; esta disposición proviene de los tiempos de la expansión guerrera de los árabes, cuando se impartían después de la oración común a mediodía del viernes las consignas militares y las instrucciones políticas.

Para cumplir con el deber de la oración no es obligado dirigirse a la mezquita. El musulmán puede orar en cualquier lugar con tal de que sea «puro», a cuyo efecto basta extender una esterilla en el suelo. Eso sí, la oración del viernes debe tener lugar en la mezquita y en común. Es el día sagrado de los musulmanes (otra diferencia, en comparación con las costumbres cristianas). Los fieles de todas las clases sociales rezan hombro con hombro, para significar que forman parte de la comunidad de los creyentes. La oración islámica está impregnada de una actitud de humildad ante Dios, que se expresa en la «prosternación».

El imán dirige la oración común como persona idónea por ser el mejor conocedor del Corán. Durante la oración, toda la comunidad repite los movimientos del imán. El rito finaliza cuando el imán mira a izquierda y derecha con las palabras *as-salamu 'alaikum ua-rahmatu'illah* (la paz sea con vosotros y la misericordia de Dios).

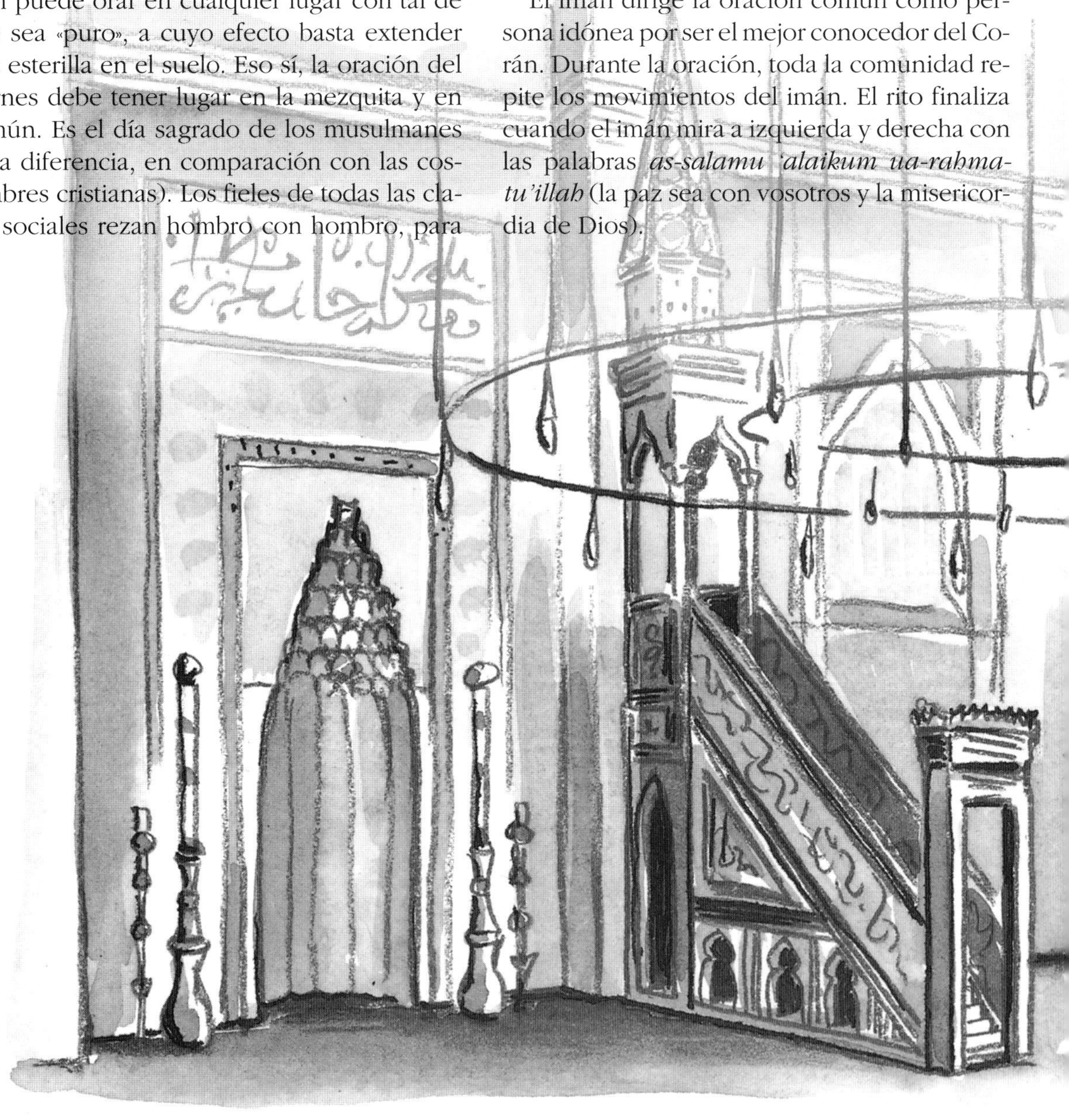

Unido al deber de oración se halla el de dar limosna (azaque o *zakat*). Éste es un impuesto-limosna que se aplica, entre otras cosas, a erigir los edificios del culto, y es diferente de la limosna espontánea o *sadaqa*.

El cuarto deber es el del ayuno, el más rigurosamente acatado en el islamismo actual. Durante el mes de ramadán, que es el noveno del calendario lunar islámico, no se come ni se bebe desde la salida hasta la puesta del sol. Únicamente están dispensados los viajeros, las embarazadas, los ancianos y los niños. Como los meses del calendario lunar son más cortos que los nuestros, el ramadán va cambiando de estación solar y, cuando cae en verano, el ayuno resulta especialmente sufrido.

La quinta y última obligación es la visita a La Meca que todo musulmán debería realizar al menos una vez en la vida. Esta peregrinación se realiza en el último mes lunar, a condición de que el viajero se halle en buena salud, que su viaje no constituya una carga para la familia y que pueda emprenderlo sin endeudarse.

¿Zubeida cree en los ángeles?

Magda está contenta porque mañana, al salir de la escuela, Zubeida se quedará con ella en casa. Harán juntas los trabajos, cambiarán adhesivos y jugarán con sus muñecas Barbie. La madre de Magda está pensando lo que pondrá mañana para comer.

—Pero ¡si da igual, mamá! —se sorprende Magda.

—No tan igual —dice la madre—. Por ejemplo, Zubeida no puede comer carne de cerdo. Para que no se preocupe, voy a preparar un plato que no sea de carne.

—¿Por qué no puede comer cerdo Zubeida? —se queda perpleja Magda—. ¿Es que tiene alguna alergia?

—Supongo que no. Es porque se lo prohíbe su religión.

—¿Qué religión prohíbe eso?

La madre suspira, se sienta a la mesa de la cocina junto con Magda y comienza:

—Debes saber que casi todas las personas del Magreb y de todo Oriente son seguidoras de la fe islámica. Por eso se llaman musulmanes. Y los musulmanes creen que la carne de cerdo es perjudicial para el cuerpo y el alma.

—¿Qué quiere decir islámica? —pregunta Magda con curiosidad.

—Islam viene del árabe y significa entrega a la voluntad de Dios. Los musulmanes creen en el mismo Dios que nosotros, pero sus preceptos para la vida diaria son diferentes de los nuestros. Por ejemplo, los adultos, durante su mes de ramadán, ayunan desde la salida hasta la puesta del sol, es decir que no pueden comer ni beber nada. Nosotros tenemos la abstinencia de la Cuaresma pero no es tan severa, ni mucho menos.

Magda se queda callada mientras reflexiona sobre lo que acaba de escuchar. Pero como es una chica lista, enseguida se le ocurre una solución y propone a la madre su plato preferido:

—¡Pues comemos unos espaguetis con salsa de tomate! ¡Seguro que le gustarán a Zubeida!

La madre sonríe y dice que sí.

A la hora de acostarse, Magda retoma de nuevo la conversación del mediodía.

—¿Por qué es tan severa la religión de Zubeida?

Sentada al borde de la cama, la madre inicia la explicación:

—En el siglo sexto hubo en Arabia un hombre llamado Mahoma, que se presentó como enviado para anunciar la palabra de Dios, lo mismo que Moisés y Jesús. Y todo lo que anunció Mahoma pasó a considerarse palabra de Dios, y está escrito en un libro llamado el Corán. Es el libro sagrado de los musulmanes, como lo es para nosotros la Biblia. En el Corán está prescrito cómo debe comportarse el creyente musulmán en su vida, para merecer el cielo después.

—¿También dice cómo hay que comportarse para cruzar la calle? —bromea Magda, y su madre ríe.

—No, en tiempos de Mahoma aún no había semáforos. Pero está mandado, por ejemplo, que hay que quitarse los zapatos antes de entrar en la mezquita, para no llevar la suciedad a la casa de oración. Además, los que entran, hombres y mujeres, deben cubrirse la cabeza. Ellos se ponen una especie de quepi redondo y ellas se cubren con un pañuelo o un velo.

—¿Por eso las moras van con el pañuelo por la calle? —pregunta Magda.

—Así es. Las musulmanas que llevan un pañuelo en la cabeza es porque se toman muy en serio el Corán. Pero ocurre con la religión islámica lo mismo que entre nosotros los cristianos. Únicamente los más devotos van a misa todos los domingos.

—¿Los musulmanes también van a su iglesia los domingos? —sigue preguntando Magda.

—Para ellos el día santo es el viernes y entonces van a la mezquita —contesta la madre.

—¡Pero si aquí no hay mezquitas!

—No lo creas. En todas las grandes ciudades de nuestro país también tenemos mezquitas —replica la madre.

—¿Tú crees que Zubeida va a la mezquita?

—No lo sé —dice la madre—. Tendrás que preguntárselo tú.

Magda se está durmiendo.

—Dime la oración de la noche, mamá.

—Ángel de la guarda, dulce compañía, no me desampares ni de noche ni de día. Y que tengas felices sueños.

Cuando la madre está a punto de salir, Magda abre los ojos y pregunta otra vez:

—¿A ti te parece que Zubeida cree en el ángel de la guarda?

—¡Seguro! —exclama la madre—. Ahora, ¡duerme!

Mosaicos y ornamentaciones

Una de las cosas que llaman la atención en la mezquita es la ausencia de imágenes. El Islam no admite ninguna imagen de Dios e incluso es raro que el arte islámico represente ningún ser vivo. Por eso los artesanos cultivaron sobre todo la ornamentación geométrica y la esmerada caligrafía de la escritura árabe. Todo se adorna y se llena de inscripciones: las mezquitas, las escuelas coránicas, las sepulturas, e incluso los platos, las jarras y los libros. La decoración presente en todos los espacios y objetos nos recuerda que la Creación es bella e infinita, y se rinde culto a la Sagrada Escritura.

KA'BA

(propuesta de Ismat Amiralai)

La Ka'ba es el santuario principal de la religión islámica. Visitada todos los años por millones de creyentes, tiene la forma de un cubo o hexaedro muy grande. Cada año, en el último mes del calendario lunar islámico se teje una tela nueva, decorada con preciosas inscripciones y ornamentos. Con esta tela se cubre la piedra sagrada. A los visitantes distinguidos se les regala como talismán un pedacito de esa tela.

El señor Amiralai, grafista, ha tenido una ocurrencia sencilla pero fantástica, que sirve para simbolizar cómo los cristianos y los musulmanes creen en el mismo Dios: véase como se convierte una cruz en un hexaedro.

Material: Papel fuerte de color pardo, tijeras, pasta blanca adhesiva, marcador de purpurina.
Edad: A partir de 6 años (con ayuda).

Ampliar el croquis de manera que resulten cuadrados de unos 10 cm de lado, y calcarlo sobre el papel. Recortar y plegar de manera que la cruz se transforme en cubo. Para ello hay que plegar las pestañas, empaparlas de pasta adhesiva y pegarlas sobre la cara interior correspondiente.

Una vez terminado el cubo, adornar los bordes con purpurina.

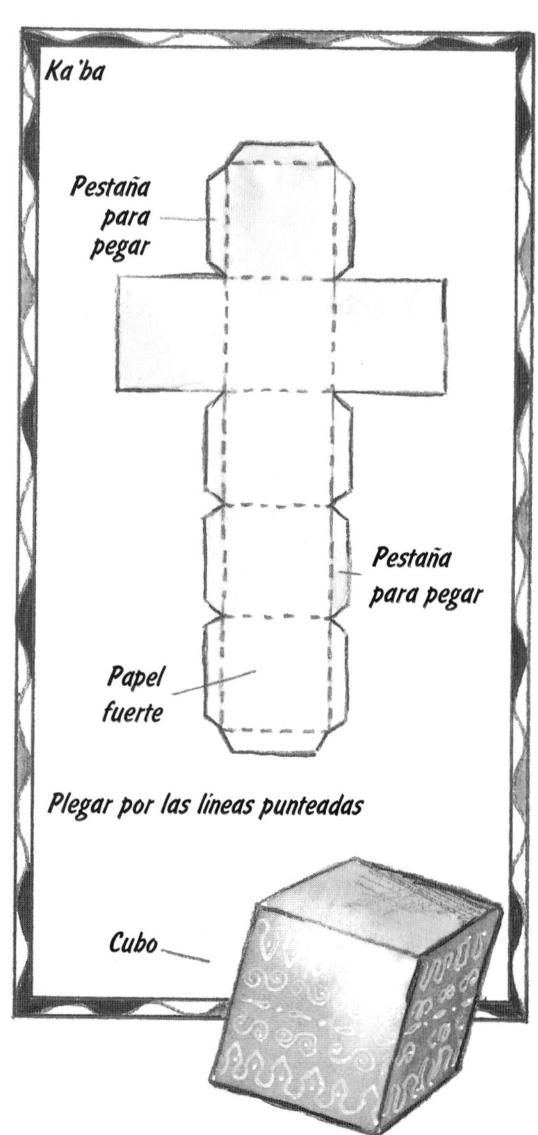

LA ESCRITURA ÁRABE

El Corán está escrito en árabe, de ahí que dicha escritura sea conocida en todo Oriente, excepto en Turquía, donde en 1920 se introdujo el alfabeto occidental, que desde entonces sigue en vigor. El árabe se escribe en líneas horizontales de derecha a izquierda, y no tiene mayúsculas. El alfabeto consta de 18 signos, que modificados mediante puntos colocados encima o debajo dan un total de 29 caracteres. Casi todos los sonidos de la lengua árabe existen en nuestro idioma, excepto tres que son guturales y nos resultan un poco difíciles de pronunciar. Además el árabe sólo tiene cuatro vocales: a, u, o, i.

Material: Papel y lápiz.
Edad: A partir de 8 años (con instrucciones).

En la actividad siguiente intervienen sólo las letras que tienen equivalente en el alfabeto occidental. Como no hay «E», tendremos que decidir si vamos a transcribir los nombres con «A» o con «I». Por si los niños eligen escribir sus nombres, damos algunos ejemplos, que naturalmente no pasarán de ser aproximaciones. Si resulta demasiado difícil, una persona adulta escribirá el nombre de cada uno y los niños copiarán el trazo.

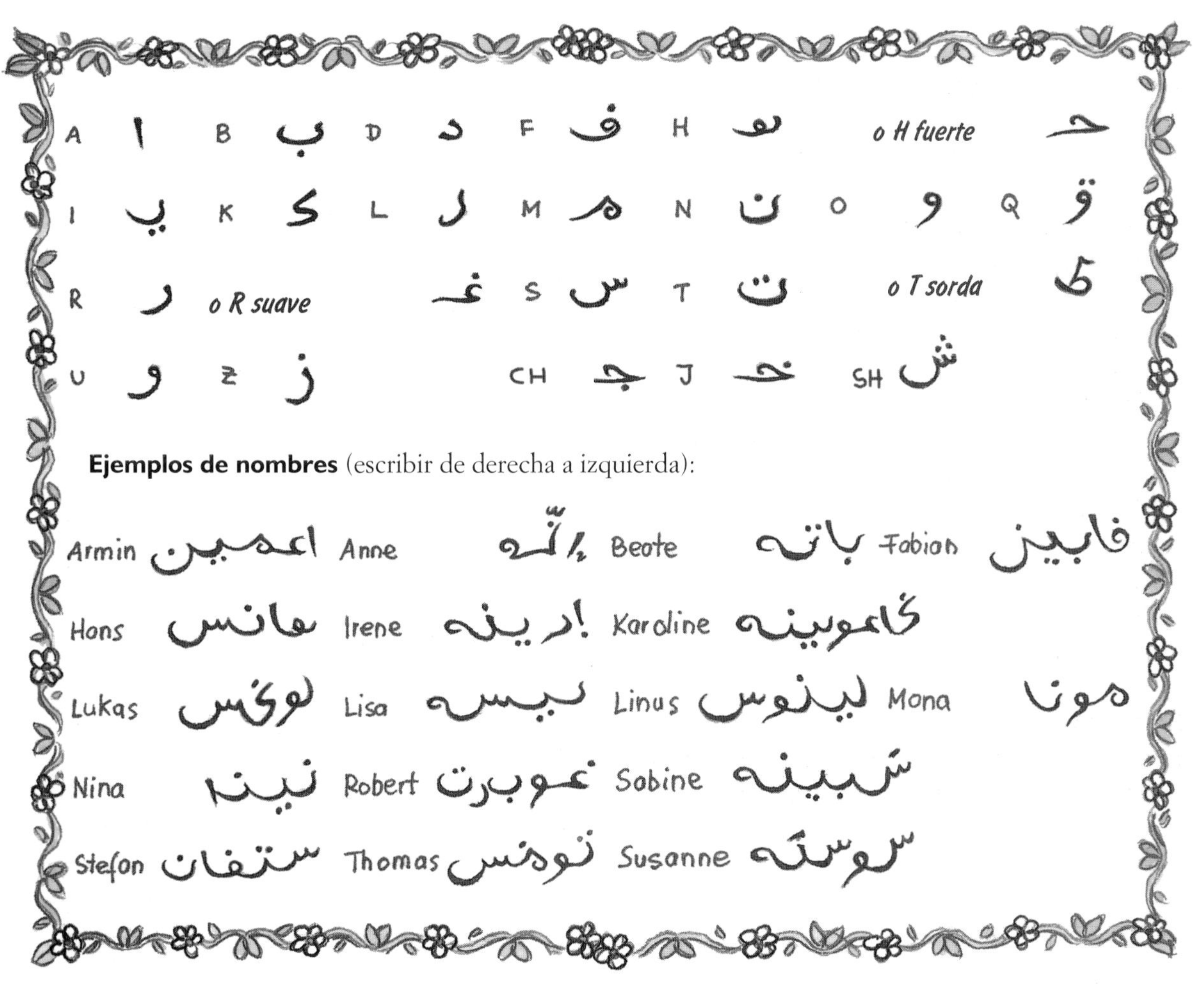

CALIGRAFÍA: BELLA LETRA

En las paredes de las mezquitas se lee el nombre del profeta Mahoma y los de varios califas, así como algunos versículos del Corán; a veces los caracteres se dilatan a lo largo, o a lo ancho, o se disponen en círculo. Esta rotulación ornamental se llama caligrafía, y los artesanos que la dominaban gozaban de gran consideración en la sociedad islámica (porque dedicaban toda su jornada de trabajo a la palabra de Dios). Ellos desarrollaron varios estilos o tipos de escritura, como la cúfica y la cursiva, que son las más conocidas.

Material: Papel, lápices, o pincel y acuarela, o, si se tienen disponibles, tinta y plumillas especiales para caligrafía.
Edad: A partir de 8 años.

Una vez el grupo haya transcrito los nombres en letra árabe, pueden pasar a ensayar varias caligrafías ensanchando o estrechando las letras, o dándoles mayor altura, o disponiéndolas en círculo. Con la muestra que haya quedado mejor, confeccionaremos un cartel con nuestro nombre para la habitación.

Variante

Edad: A partir de 4 años.

Si resulta demasiado difícil la escritura árabe, se pueden intentar caligrafías con el alfabeto occidental. Los más pequeños sin duda sabrán escribir su nombre con palotes. Que traten de ampliarlos, embellecerlos o escribirlos en círculo.

EBRU: PAPEL TURCO

La palabra ebru *significa «nublado» en persa, y se refiere al sutil dibujo que tiene el papel fabricado según la técnica que nosotros llamamos «jaspeado» y que semeja el dibujo de unas nubes. Ideado en el siglo* XVI *por los persas, lo utilizaban para documentos importantes, porque así se hacía más difícil la falsificación. Por eso fue siempre una artesanía rodeada de secreto, ya que requiere además un poco de experimentación con la cola y los colores para obtener el efecto deseado, lo cual suele fascinar a los niños.*

Los calígrafos utilizan de buena gana este tipo de papel para sus trabajos.

Material: Cola de empapelar, colores a la aguada (*gouache*), detergente, papel para acuarela, una bandeja de horno, palillos de pincho moruno, tarritos para disolver los pigmentos, papel de periódico para cubrir la mesa o el suelo, un tendedero para ropa y pinzas.
Edad: A partir de 4 años.

Para empezar, se diluye la cola de empapelar con agua. Debe formar un líquido espeso, pero fluido. Si se pone demasiada cola, luego quedan grumos en el papel. Este líquido o «imprimación» se pasa a una bandeja de fondo plano, y entonces comienza la experimentación: se rebaja el pigmento con un poco de agua y se ensaya, a ver si permanece en la superficie o se hunde. Añadiendo una gota de detergente el pigmento tiende a flotar; si se añade en exceso, el agua pierde la tensión superficial y se producen islotes de color.

Recorremos entonces con los pinchos la superficie, o la removemos, tratando de obtener diversas muestras jaspeadas. Cuando el resultado nos guste, colocamos un papel sobre la superficie del agua y lo levantamos con cuidado. El pigmento se ha transferido al papel. Con un secador de mano eliminamos los restos de cola y por último colgamos el papel en el tendedero para secarlo.

ARABESCO: UNA DECORACIÓN CON MOTIVOS VEGETALES

El arabesco es una ornamentación con dibujos realistas de hojas y zarcillos que se enredan. Se usa para decorar rótulos, libros, azulejos y otras muchas cosas.

Material: Lápices de colores, papel.
Edad: A partir de 4 años.

Un rótulo se embellece rodeándolo o enmarcándolo, como hace la caligrafía islámica, con un motivo vegetal de pámpanos, zarcillos y flores. Que los niños imaginen una rosaleda de trepadoras.

MOSAICO: DIBUJAR CON LAS PIEDRAS

Los mosaicos más notables se obtienen con teselas que se sacan quebrando azulejos con las tenazas, y que sirven para formar complicados dibujos. Los hay impresionantes en los patios interiores de las mezquitas, en las escuelas coránicas y en las sepulturas monumentales. No suelen hallarse en la parte exterior de los edificios, salvo los alminares y los portales.

Material: Escayola, guijarros de distintos colores, la tapadera de una caja de zapatos o un molde de fondo plano para horno.
Edad: A partir de 4 años (con ayuda).

Como hemos elegido la escayola para servir de base al mosaico (porque es soluble en agua y además es inofensivo), los mosaicos acabados se expondrán bajo techo. Por otra parte, los dibujos deben ser sencillos, porque la escayola fragua en pocos minutos y hay que tener las piedrecillas colocadas antes de que eso ocurra.

Para empezar clasificamos las piedrecillas por colores. Luego las colocaremos sobre un dibujo sencillo, que será el que trataremos de reproducir. Una vez hecha la figura a manera de rompecabezas, echamos yeso y agua, removemos y, cuando haya formado masa, la vertemos en el molde hasta unos 2 cm de altura. Rápidamente transferimos el dibujo de guijarros. Fragua enseguida, pero dejaremos la escayola dentro del molde un par de días más, para que endurezca del todo.

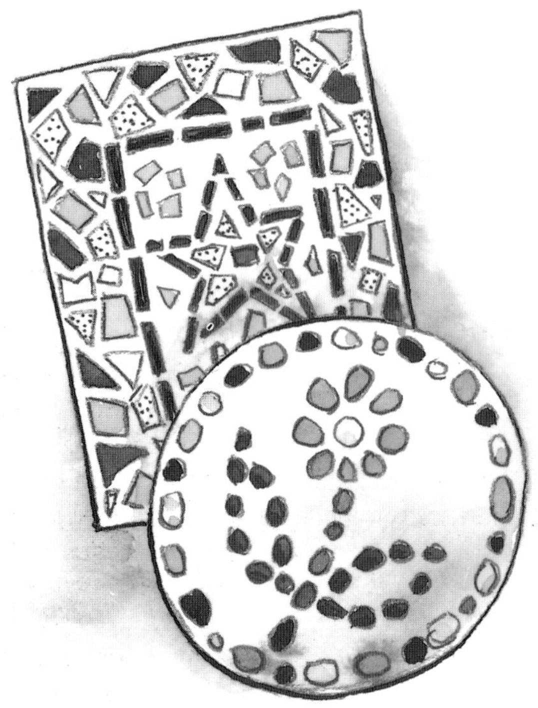

Variante

El siguiente procedimiento corresponde al mosaico de tipo marroquí y mauritano, es decir el que se encuentra principalmente en los países del Magreb (el «occidente» de Oriente). Trabajaremos con un adhesivo especial para colocar azulejos, y así la obra podrá exponerse al aire libre. De esta manera se recubre de mosaico cualquier placa suficientemente sólida; también sirve para fabricar marcos de cuadros y espejos pegando las teselas alrededor de los bordes.

Material: Trozos de azulejos, adhesivo para azulejo, espátula dentada, placa de contrachapado de 30 × 40 cm aproximadamente, o marco, guantes, masilla tapajuntas, espátula de goma.
Edad: A partir de 8 años (con ayuda).

Montaremos aparte la muestra, como se ha descrito en la actividad anterior. Aplicar sobre la madera una capa delgada de adhesivo, e igualarla con la espátula. Aplicar rápidamente las teselas, y corregir si hiciera falta la posición. Dejaremos la obra veinticuatro horas para que se seque. Aplicamos la masilla tapajuntas (o «borada») con la espátula de goma. El sobrante de masilla se quita de las teselas con un trapo húmedo.

TALISMÁN DE LA SUERTE

A diferencia de la religión cristiana, el islamismo tolera las creencias populares. Se cree en espíritus, como los djinn, *e incluso el Corán les dedica algunos versículos. Se distingue entre los buenos y los malos espíritus, y sobre todo importa tomar precauciones contra el «mal de ojo». Para ello se llevan talismanes, como una manecilla de plata o de porcelana. Ésta evoca la «mano de Fátima», la hija de Mahoma, y protege contra conjuros hostiles. Otro talismán popular es una perla azul con la figura de un ojo.*

Material: Abalorios gruesos de color azul, hilo para enhebrar, botes de pintura a la aguada blanca y negra.
Edad: Cualquiera.

Por cierto, en Occidente también conocemos los talismanes de la suerte...

Enhebrar los abalorios para formar una sarta. Con los colores blanco y negro pintaremos en uno de ellos una pupila. Podemos regalar este collar, o llevarlo nosotros mismos.

En las calles

Mi afecto no es sólo para los habitantes de los viejos callejones de El Cairo, sino para los callejones de todo el mundo.
Nagib Mahfuz (pronúnciese Naguib Majfus)

El corazón de toda ciudad oriental es el barrio antiguo, la *medina*. Los elementos arquitectónicos de la ciudad vieja siempre son los mismos, salvo escasas particularidades locales. Por desgracia, en muchos lugares la medina ha sido destruida, o se ha desvirtuado su carácter originario. En el Magreb, la destrucción se debió a la presencia colonial francesa; en la mayor parte de Asia, a la expansión militar británica, y en Turquía a la invasión, siglos atrás, de los mongoles.

Nos referiremos, sin embargo, a la ciudad oriental vieja en su estructura original. Gruesas fortificaciones, con murallas almenadas, torres y portones rodean la medina. En su centro se alza la gran mezquita, la de la oración de los viernes. A su alrededor, el dédalo de callejones del bazar, rodeados a su vez de barrios residenciales. Las casas, en principio todas de planta baja, no miran a las calles. En éstas no veremos más que tapias y paredes sin ventanas, y las puertas de gruesas hojas por donde se accede al interior. Ningún forastero curioso podrá saber nada de la vida de las familias; o dicho de otro modo, el mundo de la mujer queda defendido del exterior.

Son las callejas lo que da vida y cohesión a los barrios de la ciudad antigua. Hay calles señoriales, famosas, pavimentadas con grandes losas de piedra. En ellas encontraremos todos los comercios y la infraestructura cotidiana que se necesita para vivir: las panaderías, las peluquerías, la confitería, pero, sobre todo, el café.

Excepto los lugares donde se trabaja, la cafetería se presenta como el punto de reunión principal... de los hombres, porque no veremos en ellas a ninguna mujer.

El espacio interior de la cafetería suele ser cuadrado y algo polvoriento. Es verdad que los camareros pasan el paño con frecuencia por los veladores, pero hay una cierta pátina de antigüedad que nunca desaparece. Un alicatado, y los sofás que se alinean junto a las paredes, nos hablan de épocas pasadas de esplendor, pero también aquí ha entrado la era moderna. En algún rincón se oye el sonsonete de un aparato de radio o de un televisor, por lo general sin que nadie le haga caso. Los hombres haraganean sentados durante horas tomando el café y el té. A ratos se oye el gorgoteo de una pipa de agua. Nunca falta un tema de conversación mientras matan el tiempo jugando al dominó, a los dados, a las cartas —y eso aunque el Corán prohíba las partidas de azar— y a diversos juegos de tablero. Siempre con gran pasión y seriedad, de manera que no deberíamos llamarlos propiamente juegos, ya que éstos son los pasatiempos de la infancia. Si nos fijamos bien, veremos que la interpretación de las reglas muchas veces se discute con tanta profundidad y conocimiento como si fuesen versículos del Corán...

Durante nuestro paseo por la medina, después de ver a los hombres jugando en la cafetería, nos preguntamos dónde juegan las criaturas. Desde luego, no vamos a encontrar ninguna habitación de los niños, ya que no existe tal cosa en Oriente. La infancia transcurre al aire libre, fuera de las casas. Cuando hayan «entrado en razón» tendrán que dejar esa existencia paradisíaca, pero mientras tanto, las calles y los patios traseros son suyos.

De hecho, la infancia en Oriente es mucho más breve y no tan claramente separada de la vida adulta. Muy pronto las niñas empiezan a encargarse de sus hermanos pequeños y deben ayudar en las tareas domésticas. La escolarización pone fin a la libertad y establece la rígida división de sexos que va a regir para toda la vida en adelante. A menudo los padres sacan a los chicos de la escuela para ponerlos a trabajar en un oficio. No es raro ver a niños de cinco años que hacen pequeños recados para ayudar al sustento de la familia.

Hay pocos juguetes de fábrica, y los niños aprovechan lo que encuentran. En primer lugar, los guijarros, las piedras y las tabas o huesos de cordero o de cabra. Las niñas apenas tienen otras muñecas que sus hermanos pequeños. En algún comercio de artículos de escritorio veremos quizás, entre otras chucherías, un coche de plástico, unas canicas o un balón deportivo. Existen muchas variantes de juegos de canicas, pero hoy día la pelota es la reina. En todo Oriente se juega al fútbol con gran afición y todo vale, porque no son muchos los que se saben las reglas de este deporte. Por lo demás, los niños tienen juegos de ingenio y habilidad que recuerdan mucho nuestros juegos callejeros, como la pídola, el de parar y otros.

En busca de la piedra revestida

Magda vive en el casco antiguo de una gran ciudad. La casa, alta y estrecha, es de piedra, y uno de sus costados está tocando a la muralla medieval. No es una vivienda amplia, pero sí muy cómoda. Las ventanas dan a una costanilla por donde apenas pasaría en tiempos un carro. Tiene la ventaja de que no pasan coches por ella y resulta muy tranquila. El inconveniente es que apenas hay espacio para jugar, y además hace frío cuando no da el sol, incluso en verano. Por este callejón se sale a una calle principal con mucha circulación. Antaño pasaban por ella los coches de la posta, y luego el tranvía. Hoy va cargada de camiones y de humos que casi cortan la respiración, sobre todo a los niños y los ancianos. Pero Magda está acostumbrada porque ha vivido allí siempre; sabe evitar las calles contaminadas y prefiere jugar en los huertos de la parte de atrás. Allí, ella y sus vecinitas guisan magníficos potajes de hierbas y elaboran pócimas mágicas, aunque no se puede jugar al fútbol porque la pelota puede quedarse colgada en algún patio vecino, ni saltar a la cuerda, porque podrían molestar.

Al otro lado de la calle mayor y sin salir de la ciudad vieja, hay un parque grande con jardincillos para los juegos infantiles. Cuando Magda era más pequeña, la llevaban allí muchas veces. Y todavía hoy, los paseos familiares con frecuencia recalan en ese parque. Ahora, cuando se sube a los toboganes y los columpios, Magda se siente mucho más fuerte y segura. Una cosa que le llama la atención, sin embargo, es que apenas hay niños del país en este parque. Casi todos son morenos, hijos de inmigrantes magrebíes y de otros países. Los mayores juegan al fútbol.

Hoy Magda está de suerte porque se ha tropezado con Buçu, una compañera del colegio que es oriunda de Turquía. Los padres de las muchachas se conocen y como los de Buçu llegaron aquí hace bastantes años, pueden conversar. Mientras los mayores se enfrascan en su charla, los hermanos de Buçu se alejan con disimulo para unirse al partido de fútbol. El padre de Buçu habla de su vida en Turquía.

—En nuestro país los niños siempre juegan en la calle, ¿sabe usted? ¡No es bueno tenerlos encerrados en casa!

—¿A qué juegan hoy los niños en Turquía? —pregunta con curiosidad el padre de Magda, y el señor Uluzoy contesta riendo:

—¡Al fútbol, como es natural!

—Y ¿no tienen otros juegos aparte del fútbol? —pregunta la madre de Magda.

El señor Uluzoy se agacha en medio del sendero cubierto de guijarros y como quien no quiere la cosa, despeja con la mano un círculo del tamaño de un plato sopero.

—¡Ah! ¡A echar la piedra, por ejemplo!

Las niñas y los padres de Magda, intrigados, se quedan mirando el círculo despejado de guijarros mientras el señor Uluzoy empieza a explicar muy serio, haciéndose el entendido:

TIRAR LA PIEDRA

Es verdad que el tiro de piedra es el juego más conocido en todo Oriente. Lo practican los marroquíes lo mismo que los egipcios, los sirios y también los turcos. Es lo primero que se les ocurre si alguien les habla de juegos infantiles, aunque no necesariamente se juega con piedras, también pueden utilizarse los huesos de los dátiles y otros.

Material: Guijarros.
Edad: A partir de 6 años.

Se colocan 10 guijarros dentro de un círculo. El primer jugador inicia la partida tomando una piedra con la derecha y arrojándola al aire. Mientras la piedra vuela, con la misma mano toma otra piedra del círculo y atrapa la primera. Si esto se consigue, lanza ambas piedras al aire, toma la tercera y recoge al vuelo la primera y la segunda. En el momento en que alguna piedra caiga al suelo, debe ceder el turno al jugador siguiente. Gana el que consigue atrapar más piedras.

... Cuando el señor Uluzoy se vio obligado a abandonar después de haber lanzado cinco piedras, los demás quisieron probar fortuna. Todos comprobaron la dificultad a la hora de lanzar la tercera piedra y ver cómo las demás iban a cualquier parte menos a la mano del jugador. Hubo muchas risas y el señor Uluzoy se animó a explicar otro juego.

Variante

Material: Guijarros.
Edad: A partir de 6 años.

El que ha conseguido cazar al vuelo una cantidad de piedras previamente convenida (que pueden ser 10 o 5) reanuda la partida en sentido inverso. Se juega con ambas manos. El índice y el pulgar de la mano izquierda forman un círculo cerca del suelo. Con la derecha hay que colocar un guijarro delante del círculo y echar los demás al aire. Ahora se trata de disparar la piedra a través del círculo y recoger las demás antes de que caigan. Todas las piedras que hayan pasado por el círculo son tantos que se apunta el jugador.

... El padre de Buçu hace la demostración de la nueva modalidad y mira a sus oyentes con satisfacción al comprobar que lo ha conseguido.

—Miren ustedes, es que en mis tiempos casi nadie tenía un balón para jugar. Todos nuestros juegos eran de piedras o zapatos viejos. Y ¿qué es una pelota, en realidad, sino una piedra revestida?

Otro día que Magda y su madre salieron de compras se pasaron por la pescadería del señor Guzul. En seguida Magda le preguntó al señor Guzul si conocía el juego de tirar la piedra. Casi al instante, el señor Guzul metió la mano en el cestito de los limones que tiene sobre el mostrador y se puso a jugar. Las clientas rieron mucho cuando los cinco limones echaron a rodar por el mostrador y por el suelo. Magda tardará mucho en olvidar el juego de los cinco limones.

Me subí al manzano - Bindim elma dalina

Tradicional turca

Me subí al manzano,
por el aire he volado,
diez camellos había allí.
En uno de ellos me subí,
donde mi hermana me fui.
Estaba cociendo el arroz,
en la olla cayó un ratón.
Huy, qué mal va a saber.
De eso no voy a comer.

Bindim elma dalina
Gittim Halep yoluna
On deve gördüm
Birisine bindim
Ablama gittim
Ablam pilav pisirmis
içinede siçan dusurmus
Vallahi yemem
Billahi yemem

Juegos de calle

LA PANDERETA

Ejecutadas en principio al aire libre, las danzas con pandereta eran típicas de los rom, *pueblo que se cree salió de la India alrededor del siglo* IX *en dirección al Asia menor. Una de sus rutas los llevó por Siria, Egipto y el norte de África hacia España. Los* rom *también ejercieron gran influencia en todas las danzas orientales.*

Música: Sirve la canción «Me subí al manzano».
Material: Una pandereta para cada niño (o una caja de queso en porciones, tapones corona y cintas de colores).
Edad: Cualquiera.
Nota: Como preparación, adornar las panderetas con cintas de colores de unos 50 cm de largo.

1ª figura (2 × 8 compases): La mano derecha con la pandereta arriba, la izquierda con la palma adentro, hacia el cuerpo, el brazo ligeramente flexionado, agitar la pandereta con rapidez.

2ª figura (2 × 8 compases): Los brazos en la misma postura, flexionar un poco las rodillas y agitar las caderas y las nalgas.

3ª figura (2 × 8 compases): Reúne las figuras 1ª y 2ª.

4ª figura (2 × 8 compases): Los bailarines dan tres pasos hacia el centro empezando con la pierna derecha. Al cuarto compás, saltan sobre la pierna izquierda flexionando un poco la derecha, al tiempo que golpean la pandereta levantada sobre la cabeza. Tres pasos atrás, golpe de pandereta en la cadera derecha. Repetir todo.

5ª figura (2 × 8 compases): Tres pasos a la derecha girando en círculo, la pandereta mantenida con ambas manos sobre la cabeza como si fuese un sombrero. Al cuarto compás un golpe sobre la pandereta. Los que tengan mucha práctica pueden simultanear con un golpe de cadera hacia la izquierda. Tres pasos a la izquierda retornando a la posición inicial, la pandereta sobre la cabeza. Al cuarto compás, golpe sobre la pandereta y (los que tengan práctica) golpe de cadera a la derecha. Repetir todo.

6ª figura (2 × 8 compases): Ahora los bailarines se vuelven mirando a la derecha y giran en círculo como persiguiéndose, la izquierda en jarra, el dorso apoyado en la cadera, la derecha agitando la pandereta sobre la cabeza.

Si se quiere, repetir todo desde el comienzo.

Variante

Edad: A partir de 4 años.

Figuras 1ª a 3ª (2 × 8 compases): Combina las figuras 1ª a 3ª anteriores, golpeando la pandereta durante 2 × 8 compases y sacando las caderas alternativamente a derecha e izquierda en cada compás.

4ª figura (2 × 8 compases): Los bailarines entran tres pasos en el círculo, al cuarto compás dan un golpe de pandereta. Luego abren el círculo retrocediendo tres pasos, al cuarto compás otro golpe de pandereta. Repetir todo.

5ª figura (2 × 8 compases): Los bailarines se vuelven hacia la derecha y giran tres pasos, al cuarto compás dan un golpe de pandereta. Luego van tres pasos a la izquierda, al cuarto compás otro golpe de pandereta. Repetir todo.

6ª figura (2 × 8 compases): Los bailarines se vuelven hacia la derecha y todo el círculo gira, al tiempo que golpean la pandereta con ambas manos.

SAMA Y GEHENA

La sura 35 del Corán promete «los jardines del Edén», pero también deja bien sentado que los infieles sufrirán «el fuego del infierno». La fe islámica, lo mismo que la cristiana, sostiene por tanto que las penalidades de esta vida irán seguidas de un premio celestial siempre y cuando se consiga evitar la Gehena. Lo recuerda el juego yemení siguiente, predecesor de nuestro «infernáculo», «reina mora» o «tejo».

Material: Guijarros, yeso o un pedazo de loza.
Edad: Cualquiera.

Con el pedazo de arcilla o el yeso, pintar en el suelo de la calle un rectángulo largo con siete casillas. Escribir en las casillas de abajo arriba los números 1 a 5, en la penúltima «infierno» y en la última «cielo». Los jugadores buscarán un guijarro plano, que se arroja en la primera casilla. Saltando a la pata coja, el primer jugador entra en la primera casilla, recoge la piedra y retorna al punto de origen. Arroja la piedra a la segunda casilla, va a la pata coja hasta ella, recoge la piedra y retorna. Arroja la piedra a la tercera, etcétera. Si la piedra no queda en la casilla del turno, o el jugador pierde el equilibrio o toca raya con el pie, queda el último y tendrá que volver a empezar desde el principio. La sexta casilla o infierno hay que superarla sin entrar en ella. Al llegar a la séptima o cielo se puede aterrizar con ambos pies.

Variante

El sistema de numeración que utilizamos hoy se llama arábigo porque lo tomamos de los árabes en la Edad Media. Pero, mientras tanto, los árabes adoptaron los guarismos de la India. De manera que los números árabes actualmente utilizados en Oriente en realidad son indios y tienen las figuras siguientes:

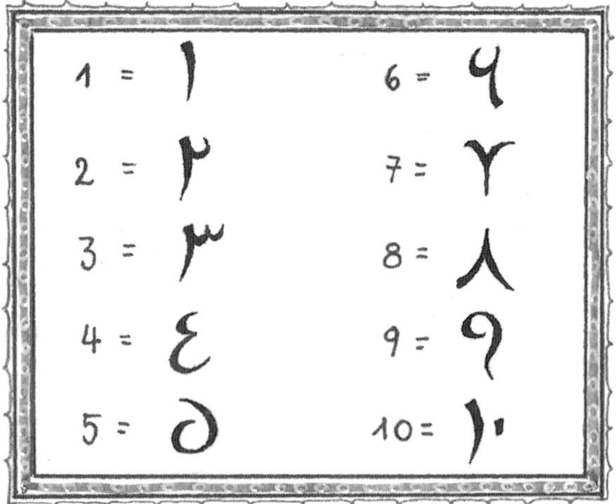

Edad: A partir de 8 años.

Las reglas del juego son las mismas, pero en esta variante escribiremos cifras árabes en las casillas y también los nombres árabes de «cielo» e «infierno».

Sama es «cielo»: سماء

Gehena es «infierno»: جهنم

Canción de los números

Letra y música: Mohammed Diaa al Din

Uaehid, tnien, talaeta, arbàa, hamsa, sitta,
sabàa, tamaenya, tisàa, àachara.
Uaehid zaed uaehid yisewi tnien.
Uaehid naes uaehid yisewi sefr.
Uaehid vie uaehid yisewi uaehid.
Uaehid àla uaehid yisewi uaehid.

¿A que os gustaría saber lo que significa en vuestro idioma?

Una y dos, tres y cuatro, cinco y seis,
siete y ocho, nueve y diez.

Uno más uno igual a dos.
Uno menos uno igual a cero.
Uno por uno igual a uno.
Uno entre uno igual a uno.

Estribillo: Una y dos...

EL JUEGO DE LA TABA

La taba es un huesecillo, el astrágalo del carnero, y parece casi un dado. Tiene cuatro caras, la cóncava llamada hoyo o chuza, *la convexa,* taba o taquín, *y dos laterales, llamados* liso *y* carnero.

Estos huesos se hierven muchas horas y luego se limpian con esmero a fin de quitarles hasta el último pedazo de fibra, para que no se pudra. Hecho esto, resulta una especie de dados que no los tiene cualquiera y cuyo propietario suele guardar como un tesoro.

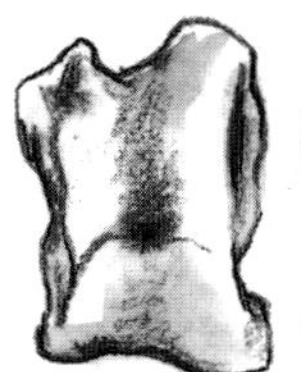

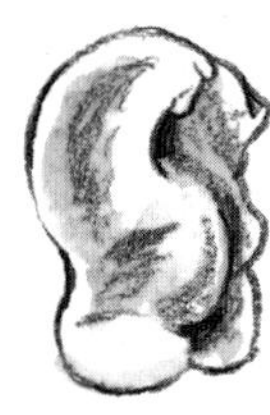

Material: 2 tabas, papel y lápiz.
Edad: A partir de 6 años.

Chuza y taquín valen un punto; liso y carnero, al ser más estrechas, se sacan con menos frecuencia y valen 2 puntos. Cada jugador tiene derecho a 3 tiradas con las dos tabas; los puntos se suman y se anotan.

ACHUAL

El juego más popular en todo Oriente es el fútbol. Dondequiera que se reúnen varios chicos, enseguida se ponen a chutar y a regatear. Los reglamentos varían.

Material: Balón.
Jugadores: A partir de 3.
Edad: A partir de 6 años.

En esta variante no juegan dos equipos, sino cada uno contra todos los demás. Cada participante marca con piedras o prendas de ropa una portería aproximadamente de un metro de ancho. El jugador tiene que guardar la suya y al mismo tiempo tratará de marcar en portería ajena, de manera que cada uno es guardameta, defensa y delantero a la vez.

HALQAT AL-MAUT

Material: Balón.
Jugadores: A partir de 6.
Edad: A partir de 4 años.

Los jugadores forman un corro y se colocan con las piernas abiertas. La persona que dirige el juego arroja el balón al centro del círculo. Empieza el jugador por entre cuyas piernas pase la pelota. Éste la atrapa y los demás salen corriendo. El jugador debe acertar de un pelotazo a un compañero, pero sin moverse del lugar donde ha recogido el balón.

El jugador que recibe el balonazo es el siguiente en arrojar la pelota al corro, o bien lo hará el jugador que no haya conseguido acertar a nadie.

TORRE DE HOJALATA

Material: Botes viejos, una pelota.
Jugadores: A partir de 6.
Edad: A partir de 6 años.

Éste es un juego bastante rudo. Se necesita un terreno de unos 7 × 4 m. Los jugadores forman dos grupos. Los constructores levantan en medio del terreno una torre de botes de hojalata y luego se colocan detrás de ella, a unos 3 m. El otro grupo (los lanzadores) están en frente y delante de la torre, a unos 3,5 m y fuera de la raya que delimita el campo. Desde allí deben tratar de derribar la torre con la pelota, y cuando lo hayan conseguido podrán apuntar contra los constructores. Al mismo tiempo éstos intentan reconstruir la torre. Si lo consiguen, quedan inmunes hasta que los lanzadores hayan abatido la torre otra vez. Los alcanzados por la pelota salen del terreno hasta la manga siguiente. Si los lanzadores logran expulsar a todos los constructores, se reinicia el juego cambiando los papeles.

Variante

Material: Botes viejos, 7 piedras por lanzador.
Jugadores: A partir de 6.
Edad: A partir de 8 años.

Los jugadores forman 2 grupos, el de los lanzadores y el de los perseguidores.

En medio de un terreno de 7 × 4 m aproximadamente se levanta una torre de botes de hojalata. Frente a ella, en el centro del lado corto del terreno, se marca el lugar desde donde arrojará las piedras el lanzador.

Cada lanzador cuenta con siete piedras. Los lanzadores se colocan a la derecha y los perseguidores a la izquierda del puesto de tiro.

Uno a uno los lanzadores intentan derribar un bote con las piedras. Cuando caiga uno, el lanzador echa a correr dando la vuelta al terreno en el sentido de las agujas del reloj. Le persigue un perseguidor y si logra darle alcance antes de que complete la vuelta, el lanzador queda fuera. Si logra terminar la vuelta se reincorpora con las piedras que le queden.

El juego termina cuando los lanzadores han derribado todos los botes antes de que los perseguidores hayan conseguido expulsar a tres adversarios, o cuando todos los lanzadores hayan agotado sus siete piedras.

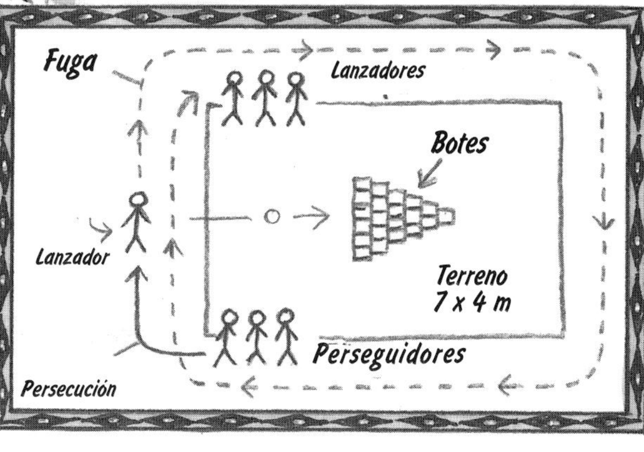

THAIB

Significa «lobo» en árabe. En Europa el lobo está prácticamente extinguido. En Asia se encuentran todavía en muchos países de la ex Unión Soviética así como en Mongolia, China occidental, Tíbet, Corea y el Sudeste asiático desde la península arábiga hasta la India. De ahí que en Oriente la evocación del lobo siga presente en los juegos infantiles.

Jugadores: A partir de 6.
Edad: A partir de 4 años.

Los jugadores forman un corro. Echan a cuentas quién va a ser el lobo. Éste se coloca fuera del corro. Los jugadores se toman de las manos y cierran el círculo mientras el lobo trata de entrar como sea. Los jugadores se lo impiden formando barrera con sus cuerpos. Pero si el lobo consigue entrar en el círculo, designará a una víctima y ésta será «comida» (le tocará hacer de lobo a la vuelta siguiente).

EL LOBO Y LOS CORDEROS

Jugadores: A partir de 6.
Edad: A partir de 4 años.

Uno de los jugadores es el lobo y los demás son corderos. Cada cordero ha de pensar un color, sin decirlo. El lobo se coloca frente a los corderos y hace el ademán de llamar a una puerta imaginaria: «Pom, pom». Todos los corderos preguntan a coro: «¿Qué color quieres, lobo?». A lo que éste contesta, por ejemplo: «¡El azul!». Entonces todos los corderos que hayan pensado «azul» echarán a correr. El lobo los perseguirá, como es natural. Si consigue atrapar a un corderillo, éste será el lobo de la próxima ronda. Los que logran regresar al rebaño sanos y salvos podrán seguir siendo corderos.

JUEGOS DE CAFETERÍA

Todos los juegos de tablero clásicos tienen su origen en Oriente, como lo indican sus mismos nombres. El juego de damas se llama originariamente Dama, *en árabe «la que abraza». En el ajedrez la amenaza al rey se dice «jaque»,* de sheij, *rey o príncipe. Este juego es tan popular en Oriente que las partidas pueden durar días enteros, cuyo escenario principal son los cafés, concurridos sólo por hombres.*

TABLAS REALES

Llamado en árabe tavle, *que quiere decir «mesa», es el más popular de los juegos de tablero, o de sobremesa como también se denominan. Antiguamente se llamaba juego de «tablas reales», hoy es más conocido con el nombre de* backgammon. *Las reglas de juego son bastante complicadas, motivo por el cual aquí damos una versión sencilla.*

Material: 1 hoja de papel DIN A4, regla, lápiz, 2 dados, 7 fichas blancas y 7 fichas negras.
Jugadores: 2.
Edad: A partir de 8 años (con instrucciones).

Para preparar el juego hay que dibujar el tablero sobre el papel.

Tomamos la hoja y la plegamos en dos, y luego otra vez, dividiéndola en cuatro cuartos. A continuación la desplegamos y repasamos las líneas en cruz con la regla y el lápiz (de color rojo).

Con la regla dibujamos en cada uno de los cuatro cuartos, partiendo del borde más corto y hacia el centro, seis líneas paralelas de unos 7 cm de largo separadas entre sí 1,5 cm.

Los jugadores son dos, el blanco y el negro, y cada uno tiene 7 fichas (también sirven dos juegos de botones de color diferente). La posición inicial de las fichas es la raya vertical exterior de un lado, cada uno en el campo que le ha correspondido (véase el dibujo).

El juego consiste en llevar todas las fichas propias al campo inicial del contrario. Se lanzan los dos dados a la vez y se mueve primero el número de líneas que haya sacado el dado más alto, luego el del otro con la misma o con otra ficha. Cuando una línea de llegada esté ocupada por una ficha del contrario, no se podrá colocar la propia, y si ambos puntos están ocupados, el jugador pierde turno. En cambio, si hay ficha propia en la raya, puede añadirle otra o varias más. La meta es colocar todas las fichas en la última raya (primera del adversario), pero sólo se podrá mover cuando se saque el número exacto. El primero que coloca las 7 fichas gana.

LAS TRES TACITAS

En muchos países de Oriente la bebida favorita de los adultos es el café. En Turquía y en los países del Magreb toman té durante la jornada. Pero como el consumo del café y del té es bastante perjudicial para los niños, nosotros nos limitaremos a usar las tacitas para el juego de los triles.

Material: 3 tacitas (de casa de muñecas), 1 anillo.
Edad: A partir de 4 años.

Todas las tacitas están boca abajo sobre una mesa, puestas en línea. Uno de los jugadores esconde el anillo dentro de una de ellas, y luego remueve las tres tacitas cambiándolas de lugar. Uno de los espectadores intentará adivinar cuál es la que contiene el anillo; el que lo acierte pasará a preguntar a los demás.

En la casa

En árabe la casa se llama *dar*. Las casas de Oriente presentan diferencias locales, pero también muchos rasgos comunes. Lo primero que llama la atención es su aspecto inaccesible, cerrado. En algunos países no tienen ventanas a la calle; en otros dichas ventanas se cierran con persianas, celosías o contraventanas de madera calada que dejan pasar el aire pero no el calor, y además ocultan el interior a las miradas de los curiosos. De esta manera las mujeres de la casa viven protegidas y también algo prisioneras.

Lo segundo es que el espacio habitado se organiza alrededor de algún punto central, sea un patio interior, una galería cubierta, un huerto o jardín con fuente, o simplemente la sala principal. Este centro, a cuyo alrededor se va desarrollando la vida de los habitantes, histórica y culturalmente es una herencia de la vida nómada. En el desierto las tribus vivían en tiendas de campaña, dispuestas en círculo alrededor de la fogata común. Con esta disposición, el poblado quedaba protegido hacia fuera. En la casa el centro sirve también para regular el clima; suele quedar a cielo abierto, por donde se ventila y además entra la luz.

La estricta separación entre el espacio masculino y el femenino, o lo que llamamos el harén, que era la parte del palacio reservada a las mujeres, es una característica tradicional de las construcciones orientales. En árabe *haram* significa «prohibido», es decir que los hombres no podían entrar. Pero incluso en las viviendas más sencillas se preveían dos espacios como mínimo, a fin de preservar la separación. Los niños pequeños dormían con la madre. A los cinco años, a los chicos se les practicaba la circuncisión y pasaban al dormitorio de los hombres. Hoy todavía las mujeres se ocupan juntas en sus tareas, mientras que los hombres permanecen en otras estancias. Entre los turcos la parte de la casa reservada a los hombres se llama *selamlik* y la de las mujeres *haremlik*.

Otro rasgo de la casa oriental es la existencia de habitaciones aparte para los invitados. Como los hombres llevan una activa vida externa, es corriente que el amo de la casa actúe como anfitrión. En Oriente no abundan los muebles tapizados o revestidos como los tenemos en Europa, salvo en las grandes ciudades. Sobre todo, en Estambul, por ejemplo, ciudad que a partir del siglo XVIII experimentó un proceso de europeización de donde resulta que los sofás y las camas allí forman parte del mobiliario. Pero por lo general el dormitorio a la europea era desconocido en Oriente, donde se dormía sobre pieles de oveja que, durante el día, se guardaban enrolladas o se amontonaban. En el Próximo Oriente tampoco se usan armarios, cuya función cumplen unas hornacinas empotradas en las paredes, y que en las casas humildes se cubren con una cortina. En las viviendas acomodadas se cierran con puertas de madera. La separación entre la puerta de entrada y la estancia principal es otro detalle característico de las viviendas orientales. Se consigue mediante un pasillo largo y generalmente acodado, que impide ver desde fuera el interior de la casa.

No todas las casas tienen baño, circunstancia que depende del nivel económico. Por eso los orientales frecuentan los baños públicos o *hammam*; de hecho, la higiene es entre los orientales un mandamiento muy estricto, recogido incluso en el Corán. Todos conocemos la costumbre musulmana de quitarse los zapatos antes de entrar en casa para no llevar al interior de ésta el polvo de la calle.

En principio, se puede distinguir entre la casa rural y las viviendas urbanas. En las aldeas las casas son de una o dos plantas. En las ciudades, por el contrario, la densidad de población impone las construcciones de varios pisos, que en el caso de las ciudades yemeníes se distinguen mucho del estilo oriental habitual por la vistosidad de sus fachadas. Estas viviendas urbanas no suelen tener patio interior.

En Turquía, el centro de la casa es habitualmente una galería cubierta o un salón. Las casas de campo tradicionales son de dos plantas y los dormitorios se hallan todos en la planta superior, porque está mejor ventilada, y también se ubican allí las habitaciones de las mujeres. Generalmente, la cocina y la sala de estar constituyen un único espacio.

Estos rasgos constructivos reflejan, naturalmente, la vida familiar de los orientales. En Oriente todavía existe la familia extensa, prácticamente desaparecida de Europa, aunque la evolución también apunta al núcleo familiar mínimo. En cualquier caso los lazos familiares todavía siguen siendo fuertes. Una persona que tenga parientes nunca se hallaría sola, por ejemplo, durante la estancia en un hospital. Los niños no son enviados a la cama antes de que se acuesten los mayores, o dicho de otro modo, los niños están totalmente integrados en la vida familiar. El jefe indiscutible de la familia es el hombre en las sociedades orientales, pero la mujer es la reina de la casa. La relación entre los cónyuges no se parece en nada a esa camaradería de igual a igual que tienen los europeos. El esposo es, ante todo, el responsable del sustento y el padre de los hijos. Es mucho más íntima la relación de las mujeres entre sí. Parientes y vecinas llevan una intensa vida de relación y amistad.

La formación de una pareja hasta llegar al matrimonio es una circunstancia complicada con muchas variantes, desde el matrimonio impuesto por decisión de los cabezas de familia hasta la pura unión por amor que deja de lado todas las consideraciones de interés familiar. Entre estos dos extremos hay muchas posibilidades, pero generalmente la alianza suele ser fruto de una larga negociación. Los padres de hijos e hijas en «edad de merecer» exploran las posibilidades del vecindario o las que se ofrecen en reuniones familiares y sociales de diversos tipos. También los jóvenes que van en pandillas tienen oportunidad de «tirarse los tejos» como quien no quiere la cosa, y de buscar encuentros en apariencia casuales. Si la cosa va en serio, hay que informar a la madre y ésta procurará «convencer» al padre. Los progenitores iniciarán entonces gestiones para informarse; es preciso que el novio o la novia se hallen libres de compromiso y que los niveles sociales de ambas familias sean equiparables.

La diferencia en comparación con las costumbres occidentales estriba en que los matrimonios entre orientales no son una alianza entre dos individuos, sino entre dos familias. Si en otros tiempos era obligado pagar una dote a la familia de la novia, hoy los padres del novio regalan joyas de oro. Pero antes, las mujeres de la familia de ella habrán contribuido durante muchos años a la formación del ajuar, que comprende las ropas y los enseres de la casa. Hoy día, sin embargo, los valores cambian rápidamente y en las ciudades ya no se considera de buen gusto que las mujeres vayan cargadas de pulseras y brazaletes. Las chicas modernas consideran que unos estudios son un ajuar más valioso que muchas docenas de sábanas y toallas. De esta manera se pone en tela de juicio la imagen preconcebida que los europeos tenemos de las orien-

tales. Sin embargo, subsiste el hecho de que el camino hacia la emancipación de las orientales se presenta mucho más accidentado que en Europa, principalmente por la aparición de tendencias islámicas fundamentalistas.

Regresemos a la casa por ahora. Las bodas son fiesta grande para las familias orientales. La víspera es la «noche de la henna», que se celebra entre mujeres exclusivamente. Tocan música y bailan la danza del vientre como auténticas profesionales. Las manos de la novia se tiñen con henna, que trae la buena suerte. El novio celebra con los amigos la despedida de soltero. A la mañana siguiente tiene lugar la ceremonia de vestir a la novia. En Turquía, por ejemplo, el traje de novia era un vestido tradicional de terciopelo de muchos colores, con el corpiño y el manto ricamente recamados, aunque se va prefiriendo cada vez más el traje de novia blanco al estilo europeo, según parece por comodidad. En la península arábiga rige todavía la tradición de que el vestido de novia debe incluir siete refajos. En las comarcas rurales la aldea entera acude a la boda. Se traen regalos para los novios y se celebra un gran banquete con música y baile. Y antes de la noche de bodas, todos los musulmanes devotos habrán repetido infinidad de veces el buen augurio (el mismo que se dice al poner una primera piedra y antes de tomar el primer bocado de la comida):

Bismillahirrahmanirrahim

Es decir «en nombre de Dios, el Clemente, el Misericordioso».

De ahí procede, según algunos estudiosos del origen de las palabras, nuestra costumbre de decir «vaya usted con Dios» o «si Dios quiere» («ojalá», del árabe *ua xa Alah*, con el mismo significado).

La noche de la henna

Querida Magda:

¿Cómo te va? Por aquí todos estamos bien, gracias a Dios. Como dijiste que te enviase una carta desde Marruecos, me pongo a escribirla ahora que he tenido un rato. Hemos celebrado la boda de mi tía. Y como tía Laila es la hermana de mi madre, y todos paramos en casa de la abuela, he podido asistir a todos los preparativos. Menos mal que estamos de vacaciones, porque de lo contrario nos habría faltado tiempo, ya que aquí una boda es una fiesta importante que dura más de tres días. Hace un mes que nos enviaron la invitación, como ya sabes. Tía Laila ha invitado a más de cien personas, y mi madre dice que aquí muchas bodas cuentan con más de quinientos invitados. Pero voy a contar lo que ocurre por su orden.

La fiesta empezó hace una semana, aunque en realidad la tía se presentó ante el cadí, que es una especie de juez religioso, hace un mes, y el cadí también estuvo en casa de Alí, que es el futuro marido de tía Laila. Y tuvo que prometerle al cadí que cuidará siempre de tía Laila aunque se ponga enferma. Hace una semana tuvimos muchas visitas en casa de la abuela y felicitaron a la familia. El día anterior todas las mujeres de la casa hicimos *bstila*, *beghrir* y pasteles de miel, y mis primas Aixa y Fatma y yo nos pusimos de miel hasta los codos. Hicimos unas bandejas enormes de dulces, y como no cabían en el horno de la abuela, los llevamos a la panadería para que los cociesen allí, como se acostumbra en estas tierras. Y ahora ofrecemos nuestros dulces a todas las visitas.

Tres días después hubo otra noche de fiesta. Todas las amigas de tía Laila estaban invitadas, y se dieron un gran banquete, y charlaron de cosas antiguas. Yo me quedé en casa de la abuela con la prima Aixa, porque las niñas no pueden asistir a esas veladas. Estuvimos toda la noche oyendo desde nuestras camas las casetes que ponían abajo. Las mujeres reían y cantaban.

La víspera de la boda se presentaron en casa de la abuela todas las mujeres del pueblo. Es la noche de la henna. No asiste ningún hombre. El novio y sus amigos se van a celebrarlo a otro lugar. Los niños de más de seis años tampoco están admitidos. En cambio, van todas las vecinas, las jóvenes y las viejas. También fuimos Aixa y yo. Comimos muchas pastas y dulces, y también un *tajine* de ciruelas, ¿sabes lo que es? Todas las mujeres se presentaron con sus mejores galas, aunque la tía Laila era la más hermosa, naturalmente. Por cierto, Laila significa noche. En la noche de la henna todas hemos cenado y bailado. Una anciana de cuyo nombre no puedo acordarme removía la henna y dejó que Aixa y yo mirásemos mientras lo hacía. La henna es una planta que lo tiñe todo de rojo y se hace con ella una pasta, que se vierte en una jofaina. En medio dejan un hueco para las monedas de la buena suerte. Junto a la henna colocan muchas velas, que también traen suerte. Cuando todo estuvo preparado, la tía se sentó en medio de la habitación sobre una silla, y al lado de ella sus mejores amigas. Ella llevaba la cara tapada con un velo rojo, según la costumbre de aquí. Entonces apagaron todas las luces de la casa. Fue muy emocionante. Yo me senté en el suelo al lado de Aixa y nos quedamos muy calladas. Entonces entró en la habitación la primera de las mujeres, que llevaba sobre la cabeza la jofaina con todas las velas encendidas, y el resto de las mujeres la seguían en procesión. ¡Qué bonito, Magda! ¡Se me puso la piel de gallina! Y las mujeres dieron tres vueltas alrededor de tía Laila y nosotras también. Luego nos sentamos en el suelo haciendo corro, y una vecina de las viejas cantó una canción de despedida. La tía Laila lloró y nosotras también. Decía que la novia iba a dejar la casa de sus padres y que aquélla sería la última noche que dormiría allí. Y también la abuela lloró mucho. Cuando terminó la canción, la mejor amiga de tía Laila le puso una moneda pequeña en la mano y se frotó las palmas de las suyas con la henna. Todas las mujeres que lo quisieron tomaron un poco de henna de la jofaina. También Aixa y yo nos pintamos las manos. Así, el día de la boda todo el mundo puede ver quién pasó la víspera en casa de la novia. Poco a poco las mujeres fueron despidiéndose y regresaron a sus casas, pero la mejor amiga de Laila se quedó con ella. Ésa es la costumbre, para que la novia tenga con quién compartir sus preocupaciones. Y, antes de echarnos a dormir, nos envolvimos las manos con unos pañuelos para no manchar las camas.

A la mañana siguiente nos lavamos las manos para quitarnos el sobrante de henna. La tía Laila tendrá que meter con disimulo la moneda que recibió en un bolsillo del chaleco del novio, ya que eso trae fortuna al matrimonio. Después de desayunar, todas las mujeres acompañaron a la novia a la peluquería. La novia se puso su vestido blanco y todos, los hombres, las mujeres y los niños, nos reunimos en un salón grande donde cabían más de cien invitados, ya que en casa de la abuela no habrían cabido sentados a la mesa, ni tampoco habrían tenido espacio para poder bailar, y el baile es lo más importante de las fiestas, ¿no es cierto? Los padres del novio le regalaron a Laila muchas joyas de oro, ¿sabes?, brazaletes como los que nosotras llevamos para ir a la escuela, pero de oro auténtico.

Mañana regresamos a casa y si quieres quedarte a dormir te lo contaré todo.

Saluda a tus padres de mi parte.

Tu amiga, Zubeida.

La comida y la danza del vientre

DIVÁN: LA SALA DE RECIBIR ORIENTAL

En toda casa oriental hay una sala especialmente destinada a recibir, el diván (del árabe diuan, *«reunión»). Está siempre en la planta baja, aunque la casa conste de varios pisos. De noche también puede servir como dormitorio masculino. Tiene cercano un fogón para calentar el té, y una abertura en la pared que mira al patio interior de la casa. Hay hornacinas con asientos de piedra o de madera cubiertos de almohadones. No tiene ventanas a la calle, o si las tiene, van provistas de celosías que impiden curiosear desde fuera y dan sombra en las horas más calurosas del día. A menudo las paredes se hallan ornamentadas. En el centro se ubica la mesita baja del té.*

Material: Caja de zapatos, acuarelas, pincel, papel de envolver torteles, retales de tela, guata, tijeras, pegamento, lápiz.
Edad: A partir de 4 años (con ayuda).

Quitamos uno de los lados largos de la caja de zapatos. Pintamos de colores vivos los tres lados interiores y los adornamos con dibujos geométricos. En el otro lado largo recortamos «ventanas» y las decoramos pegando «celosías» hechas con el papel de envolver torteles. Con la tapadera de la caja haremos los asientos. Para el banco de la pared larga, recortamos la tapadera a unos 6 cm del borde, incluyendo la pestaña, que encajará exactamente en el interior. Luego haremos mitades el resto de la tapa, que representarán los bancos de los lados cortos. Para los almohadones recortaremos unos trozos de tela a doble ancho que los bancos mismos, les ponemos unos trozos de guata, los doblamos y los pegamos en forma de almohadones. También puede enrollarse un trozo de tela en forma de rulo y fijarlo con un poco de pegamento. La mesa será la tapadera de una caja de queso en porciones, que habremos decorado adecuadamente.

LA COCINA ORIENTAL TRADICIONAL

En las grandes ciudades las cocinas tienen horno y encimera como las nuestras. Antiguamente se guisaba sobre fogones portátiles en los que se quemaba carbón, o en auténti-

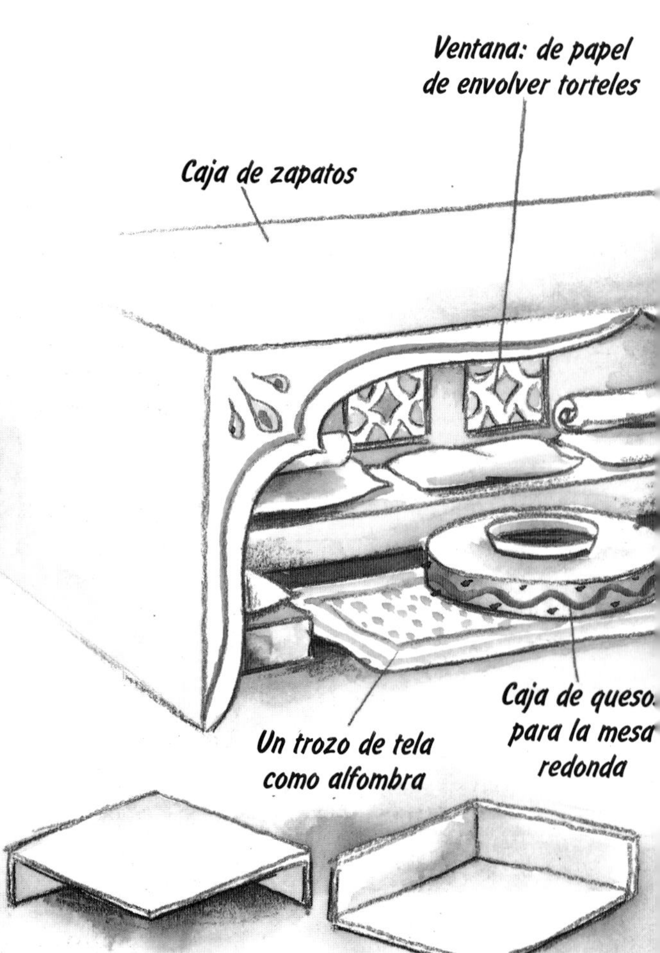

cas cocinas de carbón con chimenea. En las zonas rurales todavía hacen el pan en un horno instalado al aire libre.

Material: Caja de zapatos, pegamento, «chucherías» varias (tapones de botellas, cacharros de casa de muñecas, plastilinas).
Edad: A partir de 4 años (con ayuda).

Recortar uno de los lados largos de la caja de zapatos. Guardamos una tira del recorte de unos 18 cm para construir la chimenea. Con la tapadera haremos la «cocina»: cortamos una tira de unos 6 cm de ancho hasta el borde sin separar la pestaña. En el centro de esta tira recortaremos el hueco para la chimenea, a unos 6 cm de ancho. Entonces doblamos la tira de 18 cm en tres, para obtener tres caras de 6 cm de lado que encajarán exactamente, y recortamos la boca de la chimenea. En ella introduciremos una vela de té puesta al revés, que será el «fogón». A izquierda y derecha de la chimenea se dispondrán los enseres de la cocina: tapones corona que serán cacerolas, discos recortados de tapones de corcho, objetos de plastilina, bandejas hechas con la base de aluminio de las velas de té (recortarlas y darles forma con ayuda de un bolígrafo).

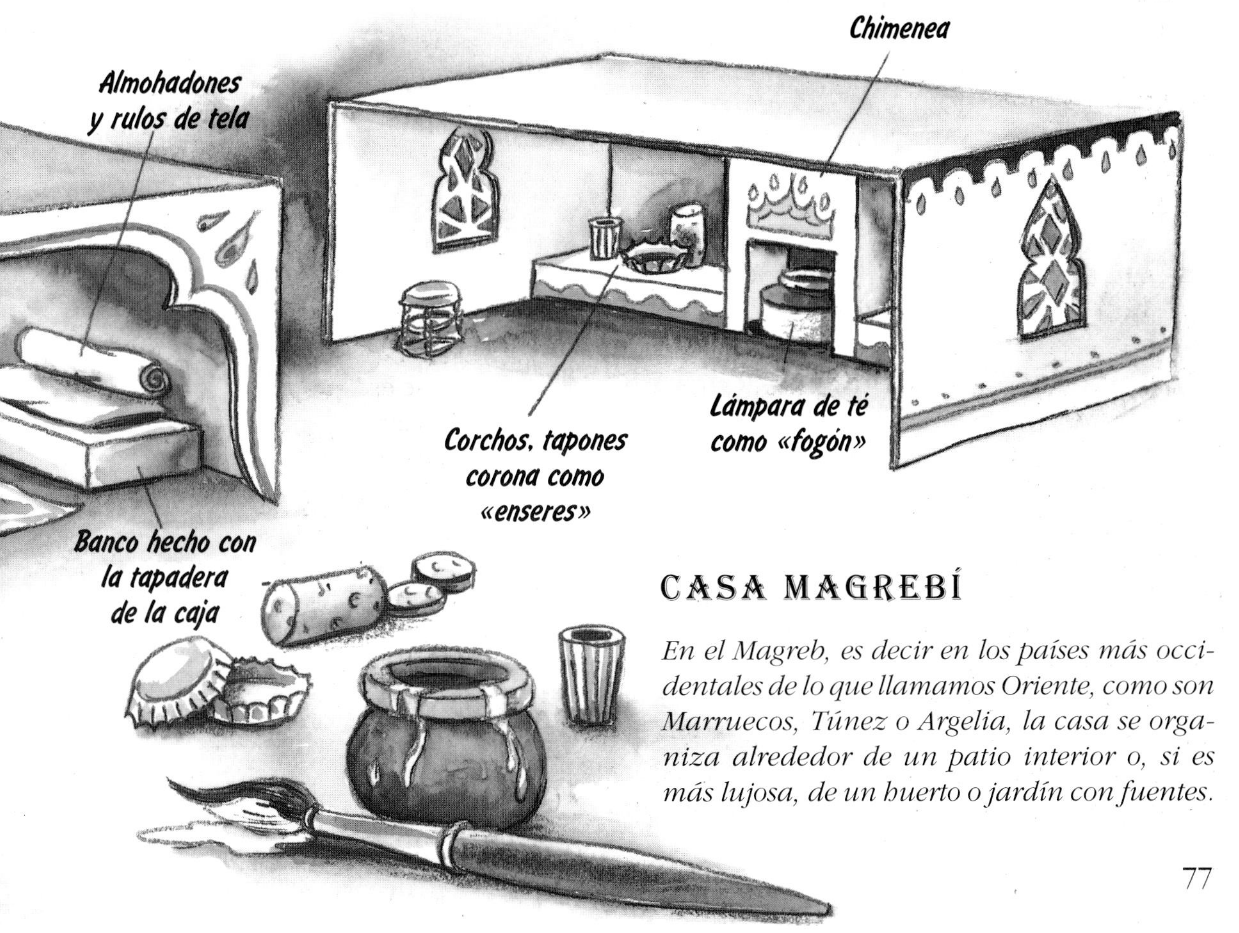

CASA MAGREBÍ

En el Magreb, es decir en los países más occidentales de lo que llamamos Oriente, como son Marruecos, Túnez o Argelia, la casa se organiza alrededor de un patio interior o, si es más lujosa, de un huerto o jardín con fuentes.

Alrededor de este interior se agrupan las diversas estancias. Las puertas de las habitaciones abren hacia el patio. Las estancias tienen distintas funciones: sala de recibir, alcobas, cocina y, en su caso, cuarto de baño. Para ir de una habitación a otra hay que pasar por el patio.

Material: 4 cajas de zapatos, acuarelas, pincel, papel de envolver torteles, retales de tela, guata, tijeras, pegamento, lápiz, vasito.
Edad: A partir de 4 años (con ayuda).

Dos de las cajas tomarán figura de diván (el de los hombres y el de las mujeres), otra será la cocina oriental antigua, y la cuarta nos servirá para la entrada, con un gran portal. Se coloca la caja al revés, es decir con el fondo hacia arriba. Para la puerta exterior, cortamos en perpendicular desde el centro de uno de los lados largos, y en el extremo de este primer corte haremos otros dos perpendiculares a él y de unos 6 cm de largo, que serán los batientes del portal. En el lado largo opuesto nos limitaremos a abrir un arco de tamaño apropiado. Se juntan las cuatro cajas de cartón formando un cuadro, que será la casa oriental, dejando un espacio central que representará el patio interior. En éste colocaremos un florero pequeño o un vasito con agua que representarán el jardín o la fuente.

A POR AGUA A LA FUENTE

En todo Oriente, el agua tiene el valor de algo precioso. La comodidad de abrir el grifo para que salga el agua corriente, tan habitual entre nosotros, allí es más bien rara. Muchas veces hay que sacarla del pozo o de la fuente. En algunas regiones, como los desiertos, la escasez de agua es extrema. En el islamismo el agua reviste gran importancia para la purificación del cuerpo y del espíritu. Además, es indispensable para preparar comidas y bebidas. Por ejemplo, el buen sabor del té o del café depende principalmente de la calidad del agua. Según las creencias islámicas, todo lo que consumimos debe ser limpio y puro, condición para considerarlo halel *o «saludable».*

Material: 2 jarras de plástico de volumen conocido, 2 barreños graduados, 2 bolsas de plástico iguales, 4 cubos.
Edad: A partir de 4 años.

Los jugadores forman dos grupos y se colocan por parejas en dos filas detrás de la línea de salida.

Se marca una cancha de 10 m de largo. En la salida hay dos cubos con 10 litros de agua cada uno y dos vasos graduados; en la meta hay dos barreños previamente graduados.

A cada pareja se le entrega una bolsa de plástico que tiene recortada una esquina del fondo, y un cubo vacío. La finalidad del juego es llevar a «casa» la mayor cantidad posible de agua de la fuente.

A una señal, las parejas echan agua de las jarras (de un litro o dos) en la bolsa de plástico, para que no se pierda el agua hay que mantener debajo uno de los cubos vacíos. Entonces el primer corredor sujeta la bolsa de plástico y echa a correr hacia la meta, seguido del otro, que va manteniendo el cubo debajo de la bolsa para que no se escape el agua. Llegados a la meta, deben vaciar la bolsa y el cubo en el barreño de medida, y regresar con la bolsa y el cubo para ceder estos enseres a la segunda pareja.

El juego termina cuando uno de los grupos ha conseguido vaciar por completo su cubo del comienzo. Gana el grupo que tiene más volumen de agua en su barreño de llegada.

Delicias orientales

En la casa oriental la vida cotidiana conserva todavía muchas tradiciones, a diferencia de lo que ocurre entre nosotros. El ciclo del año viene marcado por las fiestas de precepto según la religión islámica. Sobre todo, el ayuno del ramadán determina en buena parte el contenido de las comidas. Cuando ha terminado el ramadán se celebra la fiesta de los dulces y todo el mundo se atiborra. Poco después, viene la fiesta del sacrificio, siendo obligado un banquete a base de carne de cordero. Todo ello preparado por las mujeres, ya que pocas trabajan fuera de casa, y dedican mucho tiempo a la preparación de los platos. Lo cual hace posible que las minutas consten de guisados, asados y frituras de todas clases. La gastronomía oriental es excepcionalmente sabrosa. Aunque el Corán proscribe el consumo de carne de cerdo y de alcohol, por lo demás tienen una cocina variadísima, o mejor dicho varias, puesto que estamos hablando de muchos países y pueblos diferentes. Pese a ello, hace más de 1.000 años los califas de Bagdad enviaban embajadores a las partes más remotas de los países conquistados, en busca de recetas, que luego combinaban con las fórmulas de la cocina local. También las caravanas y los peregrinos llevaban muchos platos de unos países a otros. Como es natural, están los típicos de cada país, y así como el cuscús es el de los países del Magreb, en Arabia Saudí predomina el arroz como alimento principal, y las tortas de harina en Egipto, Siria y Turquía.

Los sabores de la cocina oriental resultan exóticos para nosotros a causa de las especias. Aunque se conoen en la gastronomía europea desde los tiempos de las cruzadas, es decir a partir de la baja Edad Media, nos llegan por lo general en forma de mezclas preparadas. Como el curry, que es una mezcla procedente del este de la India y contiene cilantro, cúrcuma, canela, pimienta, clavel, nuez moscada y jengibre. El cilantro se cría mucho en Siria y da unos granos parecidos a los de la pimienta. La cúrcuma es una raíz de color amarillo que proviene del sudeste asiático. La canela se obtiene de diversas cortezas de Ceilán y China. La pimienta es oriunda de la India, y el clavel de especia es de las Molucas, las célebres islas de las especias de Indonesia. El árbol de la nuez moscada crece en varios países tropicales y el jengibre es de la India. Estas especias son muy apreciadas desde la Antigüedad y viajaban hacia Occidente por las rutas de las caravanas o por vía marítima.

Nota: Como los niños son aficionados a ayudar en la cocina y siempre puede dárseles alguna ocupación (vigilada, por supuesto), no citamos edad mínima en las actividades que siguen.

INFUSIÓN DE CANELA

En Oriente la preparación del té es, en sí misma, una forma de arte. Hay distintos tipos de hervidores para mantenerlo todo el día caliente, pero como su adquisición nos resultaría demasiado costosa, nos limitaremos a hervir un cazo en nuestra cocina.

Ingredientes: 1 litro de agua, 3 ramas de canela, azúcar al gusto, 50 g de pistachos (sin salar).
Material: Cazo, cuchillo de cocina, tetera, vasos o tazas para té, cucharillas, una bandeja.

Quitar la cáscara de los pistachos y sacarles la telilla de color pardo que tienen. Picarlos con el cuchillo. Romper las ramas de canela en trozos pequeños. Llevar a ebullición el agua del cazo. Reducir el fuego y echar la canela y el azúcar en el agua. Se tendrán hirviendo a fuego lento durante unos 5 minutos. Se vierte la infusión a través de un colador en la tetera (previamente calentada). Se sirve en vasos (de cristal irrompible) o tazas para té, en cuyo momento se espolvorea con el pistacho picado.

BACLAVA

Después del ayuno del ramadán, se celebra en todo el mundo islámico la fiesta de los dulces. No puede faltar el más dulce de todos, la baclava.

Ingredientes: 12 tortitas (obleas) ultracongeladas, 100 g de almendras, 100 g de nueces, 100 g de pistachos, miel, un poco de canela, agua de rosas.

Nota: El agua de rosas puede adquirirse en un establecimiento oriental como producto ya elaborado; en cuanto a las tortas de hoja, se indican las ultracongeladas porque su elaboración casera resulta demasiado complicada.

Descongelar las tortas y mientras tanto picamos a trozos no muy pequeños las almendras, las nueces y los pistachos.

Mezclar las nueces con dos cucharadas de miel y una de canela, y dorar brevemente en una sartén. Lavamos con agua en frío una bandeja para horno de fondo plano, o una fuente rectangular resistente al fuego y colocamos en el fondo cuatro tortas. Repartimos entre ellas por igual la mitad de la masa de relleno. Colocamos una segunda capa de obleas y luego la recubrimos con el resto, reservando un poco aparte. Finalmente cubrimos con una última capa de hoja.

Con el cuchillo cortamos cuadrados de unos 5 cm de lado. Se doran en el horno a 200 °C durante unos 20 minutos. Luego adornamos los trozos con el resto de la almendra picada. Preparamos un almíbar en un cazo con 200 ml de agua, una cucharada de agua de rosas y 5 cucharadas de miel. Dar un hervor y echar sobre los pastelillos; todo ello irá otra vez al horno durante 10 minutos. Dejar que se enfríen los baclava y ya podemos saborearlos.

TORTITAS DE DÁTILES

Ingredientes: 375 g de harina, 75 g de azúcar, 150 g de mantequilla, 2 cucharadas de agua de rosas, 250 g de dátiles deshuesados, 3 cucharaditas de mantequilla aparte.

Mezclar la harina con el azúcar, añadir la mantequilla a trozos delgados y amasar. Mezclar el agua de rosas con 60 ml de agua y añadir a la masa. Seguir amasando a fondo, hasta que presente plasticidad. Dejar media hora en el frigorífico.

Mientras tanto, cortamos los dátiles a trozos pequeños y los salteamos en un cazo con el resto de la mantequilla hasta que se hayan ablandado, después de lo cual dejaremos que se enfríen.

De la masa tomamos trozos del tamaño aproximado de una nuez, metemos en el centro un trozo de pasta de dátiles y la cubrimos, dando forma de tortita. Una vez hechas todas las tortitas, las pasamos a una bandeja de fondo plano y las tendremos unos 30 minutos en el horno a 180 °C.

YOGUR A LA MENTA

Ingredientes: 500 g de yogur natural, ½ cucharadita de sal, un manojo de hojas de menta fresca (picadas, o en polvo), ½ litro de agua.

Pasamos el yogur a una cazuela y lo batimos a punto de crema, añadiendo el agua muy despacio. Agregar la sal y la menta. Enfriar y servir en jarra de cristal.

POLLO A LA NARANJA

Ingredientes: 1 pollo, limpio y preparado, 1 kg de naranjas, 2 o 3 cebollas, aceite de oliva, 1 cucharadita de canela, pimienta y sal.

En una olla con agua se hierve el pollo durante 1 hora. Lo sacamos de su caldo (con cuidado, ya que está caliente) y lo deshuesamos. Picamos la cebolla y la salteamos en una cacerola de fondo plano hasta dejarla transparente como caramelo. Añadir la carne del pollo, sofreír y sazonar. Trocear mientras tanto la naranja, que habremos pelado previamente, y añadirla. Remojamos con un poco de caldo del pollo y lo dejaremos 20 minutos a fuego lento, sin que apenas arranque a hervir. Se sirve con guarnición de arroz.

ARROZ CON CÚRCUMA

Ingredientes: Una taza de arroz por persona, agua, 2 cebollas, mantequilla, 2 cucharaditas de cúrcuma, sal al gusto.

Cortar la cebolla a trozos pequeños y sofreír en mantequilla. Añadir una taza de arroz por persona y saltearlo unos momentos, apagando luego con 2 tazas de agua por taza de arroz. Con esta agua se habrá mezclado la cúrcuma, de modo que teñirá todo el arroz de un color amarillo uniforme. Sazonar con sal, llevar a ebullición y tener luego ½ hora a fuego muy lento, con el recipiente tapado. Retirar el arroz y, sin destaparlo, darle un reposo hasta que haya absorbido toda el agua. Afinar con un poco de mantequilla y servir.

MACEDONIA CON AGUA DE ROSAS

Ingredientes: 250 g de uvas negras, 5 higos frescos, 3 melocotones, 3 mandarinas, 3 manzanas, 1 granada, 100 g de pistachos no salados, 3 cucharadas de agua de rosas.

Pelar las mandarinas y las manzanas, y cortar a trozos pequeños. Partir los granos de uva y quitarles las pepitas. Abrir las granadas, extraer los granos. Cortar a trozos pequeños los higos y los melocotones. Pelar los pistachos, picarlos a trozos no muy finos. Mezclar todo y regar con el agua de rosas.

TORTA DE HARINA

Complemento indispensable de las comidas, antiguamente se elaboraba en el horno de barro contiguo a todas las viviendas.

Ingredientes: 1 kg de harina, 1 dado de levadura, sal, aceite.

Disolver la levadura en una taza de agua tibia. Añadir un poco de harina. Esta masa previa se guardará tapada durante media hora. Echar el resto de la harina sobre el tablero, salarla ligeramente. Hacer un hueco y verter poco a poco la masa previa. Mediante un tenedor iremos aplastándola y mezclándola con la harina, procurando que no corra el líquido por el tablero. Amasar bien todo, hasta que deje de adherirse. En caso necesario se puede agregar un poco de agua tibia, o un poco más de harina si vemos que está diluyéndose demasiado. Usar el aceite para eliminar el exceso de harina de las manos. Con estas mismas manos aceitosas amasaremos una vez más, hasta formar una especie de albóndiga gigante, que pintaremos de aceite y finalmente cubriremos para que repose 2 horas en un lugar caliente. Amasar de nuevo y dividir en 16 tortas redondas, que se colocarán sobre un paño enharinado y se dejarán 20 minutos más. Seguidamente se pasan al horno sobre una bandeja de fondo plano previamente engrasada, durante 5 minutos a 200 °C; luego les damos la vuelta y las horneamos unos 3 minutos más.

EMPANADILLAS DE CARNE PICADA

Ingredientes de la masa: 500 g de harina, 25 g de levadura, ¼ litro de agua, 2 cucharadas de aceite de oliva, ½ cucharadita de sal.
Ingredientes del relleno: 400 g de carne picada de cordero o buey, 2 cebollas, 2 cucharadas de aceite de oliva, 1 cucharadita de orégano, pimienta roja, pimentón, pimienta de Jamaica molida, sal.

- Echar la harina en una fuente grande. Hacer un hueco en el centro y espolvorearlo de sal. Disolver la levadura en agua tibia, verterla en el hueco y remover para mezclarla con la harina. Poco a poco iremos añadiendo agua para amasar, hasta trabajar todo el volumen. Añadir el aceite y amasar un poco más. Cubrir la masa y dejarla media hora en lugar caliente.
- Para el relleno, picar la cebolla. Calentar el aceite en una cacerola y rehogar la cebolla. Añadir la carne picada y freírla hasta que tome color. Echar las especias. Al cabo de 10 minutos, retiramos la cacerola del fuego y la apartamos para que se enfríe.
- Separamos 12 trozos de masa de harina y les damos forma de bolitas. Las dejaremos 15 minutos más en reposo.
- Sobre un tablero enharinado, aplastamos las bolitas y, cuando estén convertidas en tortas de unos 10 cm de diámetro, les damos forma triangular. Echamos en cada forma una cucharada bien colmada de carne picada. Levantamos las tres puntas del triángulo y las unimos, dejando abierto el vértice (véase la figura).
- Pasamos todas las empanadillas a una bandeja de fondo plano para horno, que habremos engrasado previamente, y las pintamos con aceite de oliva antes de meterlas 20 minutos en el horno a 200 °C.

CORRO DEL TÉ

Los orientales aprecian la hospitalidad, como lo demuestra el hecho de que en sus casas haya una sala especial para recibir. Como sería muy desatento despedirse sin tomar más que una taza de té, el invitado y el anfitrión suelen sentarse a pasar, charlando amigablemente, varias horas. Así intercambian noticias, negocian algún trato o juegan una partida. El té de menta, que también puede adquirirse fácilmente en nuestro país, es un refrigerio habitual en todo Oriente y sobre todo en los países del Magreb.

Material: Con almohadones y algún colchón, si se puede conseguir, transformaremos el cuarto de los niños en un diván oriental. Una mesita baja hará las veces de mesa para el té. Antes de la hora se habrán preparado las galletas y demás pastas secas, lo cual se sirve con los vasos o tazas en una bandeja.

CENA ÁRABE

Cuando el visitante ha comparecido a la hora del té, muchas veces la hospitalidad conduce a una invitación a cenar, y que la mesa se doble bajo el peso de los suculentos manjares, como suelen decir. Por lo cual se sugiere la minuta siguiente:

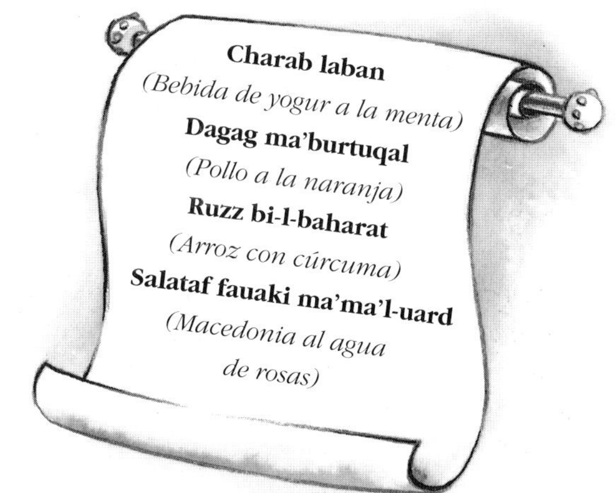

La comida se prepara con antelación, de modo que no haga falta más que calentarla. Se come sentados en el suelo, o más exactamente sobre alfombras o almohadones.

Sobre la danza del vientre

La danza del vientre deriva de antiquísimos ritos religiosos y danzas rogativas de la fecundidad. Muchas mujeres orientales saben bailarla y lo hacen en la intimidad, es decir cuando están con los suyos en su casa. Es una tradición que pasa de madres a hijas, y les sirve para manifestar su sensibilidad y alegría de vivir. Dado el fuerte tabú que recae sobre todo lo femenino en Oriente, y puesto que la mujer no puede presentarse en público sino tapada, por supuesto la danza del vientre también es tabú, pero existe. Entre nosotros goza de un dudoso prestigio porque la tenemos asociada a locales de baja estofa, donde se ofrece tal danza a la curiosidad de los turistas por parte de mujeres ligeras de ropa. A un musulmán, el tema le parecería fuera de lugar en un libro para niños como éste. Sin embargo, hay que mencionar la danza si pretendemos transmitir unos contenidos culturales. Por otra parte, precisamente las niñas en su fase de «princesas», es decir a partir de los 4 años, son muy aficionadas a lucir disfraces y adornos vistosos, y les gusta bailar y lucirse. Como queda dicho, las orientales aprenden a bailar por lo que han visto en su casa.

En las danzas orientales, tanto los muchachos como las chicas se ciñen la cintura con un chal o un pañuelo que precisamente los identifica como bailarines.

Tela de 90 x 90 cm

Ribete de lentejuelas

EL PAÑUELO A LA CINTURA

Este clásico ingrediente de la danza del vientre data de las épocas en que el pueblo nómada vivía de sus actuaciones en público y sus bailarinas colgaban de este pañuelo las monedas que recibía de los espectadores. En algunos países musulmanes, todavía existe la costumbre de arrojar monedas a las bailarinas que actúan en las bodas. Pero ya no se cosen en la orla del pañuelo, siendo reemplazadas en este caso por unas lentejuelas.

Material: Una tela brillante de 90 × 90 cm. Una sarta de lentejuelas o tira de pasamanería, hilo de coser, aguja o máquina de coser.
Edad: Cualquiera.

Coser a mano o con la máquina las lentejuelas o una orla de pasamanería; si los niños son muy pequeños, se encargará de esta actividad una persona adulta. El pañuelo se dobla en diagonal y se ata a la cintura.

EL VELO

En Oriente sirve para muchas funciones. En primer lugar, debe tapar a la mujer para no distraer de la oración al creyente musulmán. En las regiones muy tradicionales, las mujeres no se presentan jamás en público sin velo. Por otra parte, en las zonas desérticas el velo protege la cara cuando el viento arremolina polvo y arena. En este caso, lo llevan tanto las mujeres como los hombres. En la danza, se juega con los velos para crear hechizo y misterio.

Material: Tela ligera de cortina de 150 × 70 cm, tijeras.
Edad: Cualquiera.

Sirve como velo cualquier tela transparente y fina: cuanto más ligera, mejor flotará alrededor de la bailarina mientras ésta gira sobre sí misma. Según el tipo de tela de que se trate, puede ser conveniente hacerle un dobladillo con la máquina de coser. Si se va a llevar a la cabeza puede sujetarse con una diadema o con pinzas que se fijan detrás de la oreja.

FEZ CON VELO

En las danzas folclóricas de diversos países, como Turquía o Siria, se lleva una especie de fez con velo.

Material: Tul muy fino, un poco de terciopelo, cordón dorado de pasamanería, rollo de cartón de unos 7 cm de diámetro y 7 cm de altura, pegamento, goma elástica.
Edad: A partir de 8 años (con instrucciones).

- Revestir de terciopelo el cilindro de cartón y adornar el borde inferior con el cordón (pegar, o mejor fijar con grapas).
- Recortar una tira de tul de unos 30 cm de ancho y 140 cm de largo. Doblarla a lo ancho hasta dejarla en 10 cm.

Este velo se fijará en la corona de cartón como sigue: en primer lugar fijamos un extremo en el interior del rollo, sacamos el tul por arriba y lo volvemos a introducir por debajo, pasándolo hasta dejar un bucle de unos 80 cm. Este bucle enmarcará la cara del niño o niña. Fijar la tela y dejar colgando la cola restante de unos 60 cm. Para sujetar el fez, se practican sendos agujeritos a derecha e izquierda, cerca del borde inferior, y se pasa una goma elástica.

EL PANTALÓN BOMBACHO

Usado tradicionalmente en Oriente tanto por hombres como por mujeres.

En los lugares donde se prefiere vestir al modo occidental, su uso ha quedado limitado al folclore.

Material: Telas brillantes, con holgura, goma para el cinto, hilo de coser, tijeras y cinta de medir, cordón dorado si se quiere, máquina de coser.
Nota: Este pantalón lo coserá a máquina una persona adulta.

- Del género, que debe ser lo más ligero posible, cortar dos piezas de 80 × 80 cm.
- Doblar una de las piezas a la derecha y hacer una costura de 50 cm (pernera del pantalón). Coser seguidamente la pernera izquierda.
- Coser los 30 cm restantes de ambas piezas uniéndolas por delante y por detrás.
- Doblar 4 cm y coser el dobladillo del cinto.
- En las bocas de las perneras daremos un dobladillo de unos 2 cm.
- Si se quiere, adornar el cinto y los dobladillos de las perneras con cordón dorado.

- Pasar las gomas del cinto y de las perneras, y ya se puede usar el pantalón.
  Ceñir la cintura con el pañuelo triangular.

Propuesta de disfraz

Material: Pantalón de pijama holgado, de adulto; gomas elásticas.
Edad: A partir de 4 años.

Este disfraz no requiere mayor confección: ponerse el pantalón y fijar las perneras con gomas para darle aspecto de «bombacho». Atar también una goma a la cintura para que el pantalón no se caiga.

EL CHALECO

Al igual que el pantalón bombacho, forma parte de la indumentaria folclórica de todos los países orientales.

Material: Tela fuerte (raso), lentejuelas, cordón dorado si se quiere, hilo de coser, hilo de bordar, aguja de bordar, máquina de coser.
Nota: Cortar y coser a máquina el chaleco son tareas de una persona adulta; los niños se encargarán de bordarlo.
Edad: A partir de 8 años.

Para un niño o niña de 8 años, el ancho de la espalda será de unos 40 cm, y las pecheras de 20 cm cada una, para una altura del chaleco de alrededor de 35 cm.

Para los de mayor o menor edad, medirles la espalda y escalar las tallas.

- Chaleco, recortar dos piezas de 40 × 40 cm.
- Para las pecheras, doblar una de las piezas y cortarla por la mitad. Superponer las pie-

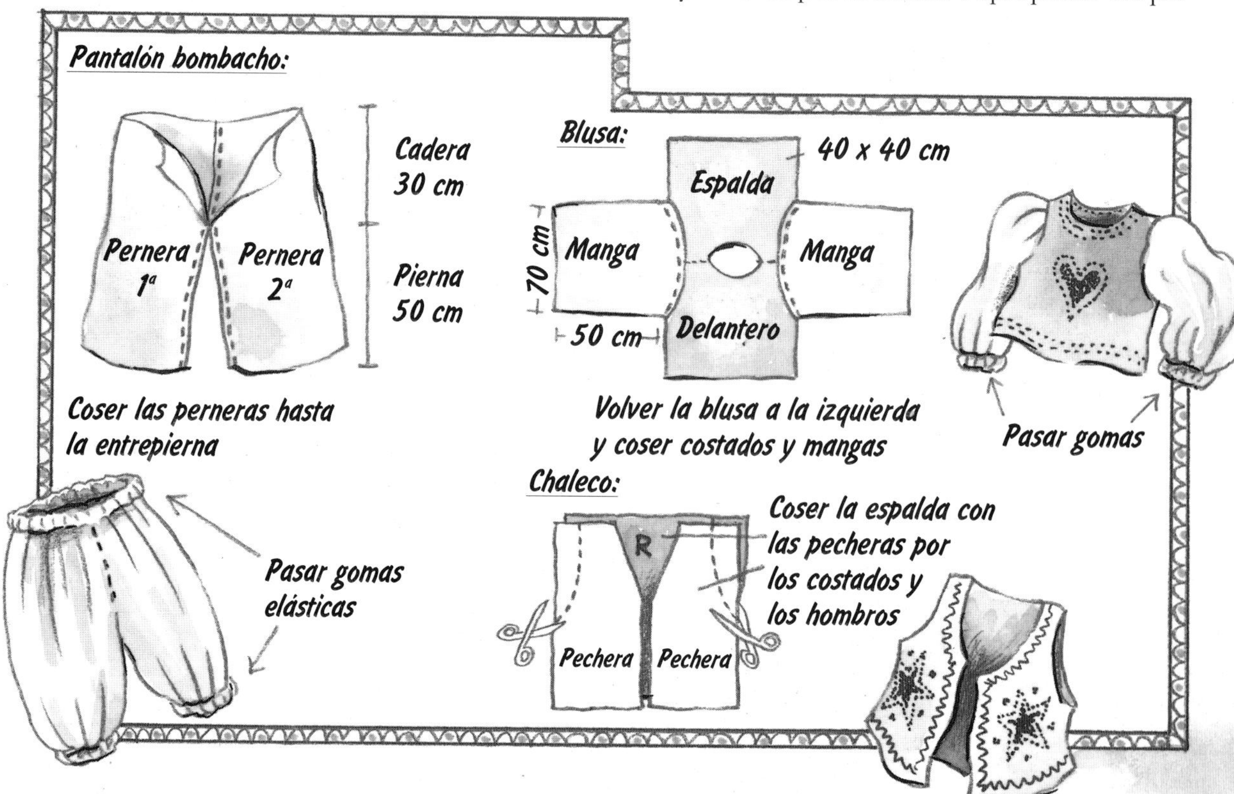

zas y dar la forma del cuello desde una altura de 20 cm en diagonal hasta cerca del hombro.

- Colocar las pecheras derecha e izquierda del revés sobre el tablero y cortar las sisas.
- Coser las pecheras con la espalda del chaleco por los costados y por los hombros.
- Coser los dobladillos y, si se quiere, adornarlos con cordón dorado.
- Adornar las pecheras con motivos de lentejuelas.

Propuesta para un disfraz:

En cualquier ropero se hallará un chaleco que sirva para un disfraz en caso de urgencia, o si preferimos no tener que confeccionarlo.

LA BLUSA

Material: Tela (como la del pantalón), tul (como el del velo).
Nota: Esta blusa la confeccionará una persona adulta con la máquina de coser.

- Recortar para la blusa dos piezas de 40 × 40 cm.
- Superponerlas derecho sobre derecho y recortar el escote así como a los costados, partiendo de una altura de unos 20 cm, las sisas para las mangas hasta los hombros.
- Coser los delanteros con la espalda.
- Corregir el escote en caso necesario y pespuntear.
- Cortar para las mangas dos piezas de tul de 50 × 70 cm.
- Desplegar la blusa, espalda y delanteros, y coser las mangas (ancho, 70 cm) con las sisas.
- Volver la blusa del revés y hacer las costuras de los costados y las mangas.
- Practicar unos dobladillos en las bocamangas y pasarles una goma.
- Coser el reborde inferior de la blusa.

Propuesta para un disfraz:

Material: Blusa.
Edad: A partir de 4 años.

Utilizar una blusa que ya se tenga para disfrazarse. Anudar las puntas de los delanteros dejando a la vista el ombligo.

DANZA DEL VIENTRE

La figura básica de la danza del vientre es el «8». Se puede hacer un ocho con cualquier parte del cuerpo: con la cabeza, el tórax, la cintura, las caderas, los brazos, las manos, las piernas y los pies. La gracia consiste en que estos movimientos sean independientes.

Material: Indumentaria preferida.
Edad: A partir de 8 años.
Música: Una pieza de música oriental (instrumental).

Nota: Aquí se explican en detalle los elementos o figuras de la danza, aunque naturalmente los niños lo harán como puedan. Con esta descripción se pretende dar una referencia a la persona que dirija la actividad. Las figuras pueden variarse a voluntad y si los niños todavía no dominan alguna de las figuras, simplemente la omitiremos. Para los ensayos, la formación en corro es la más adecuada, aunque más adelante se practicará la danza en fila, más indicada para demostraciones ante espectadores.

1ª figura
(4 × 8 compases):

Las piernas en paralelo, posición de partida. Se describe con ambos brazos un ocho horizontal. El brazo derecho partiendo de la mitad del cuerpo va hacia abajo, hacia la derecha, describe un semicírculo hacia arriba, un poco por encima de la cabeza y luego regresa hacia abajo por la vertical del cuerpo. El brazo izquierdo describe su círculo desde abajo hacia el costado izquierdo, por encima de la cabeza y vuelve por la vertical del cuerpo. Ambos movimientos sincronizados duran 2 × 8 compases. Llevar otra vez los brazos hacia abajo y hacia los lados, arriba y retornando abajo por la vertical del cuerpo (2 × 8 compases). Cada brazo traza un círculo completo.

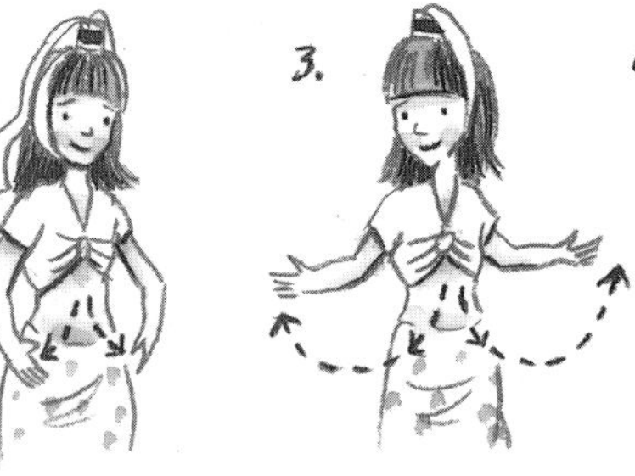

2ª figura
(2 × 8 compases):

Las piernas en paralelo, los brazos colgando hacia abajo, las palmas de las manos vueltas hacia el cuerpo. Girar las caderas despacio hacia el lado derecho, hacia atrás pasando sobre la vertical de los talones y hacia el lado izquierdo, en el sentido de las agujas del reloj (1 × 8 compases). Repetir otra vez el círculo con la cadera.

3ª figura
(2 × 8 compases):

Los niños se vuelven hacia la derecha con 4 pasos (1 × 4 compases), los brazos relajados y un poco abiertos. Siguen 4 compases basculando la cadera derecha arriba y abajo, sin despegar el pie del suelo, flexionando la rodilla. A continuación, se vuelven hacia la izquierda con 4 pasos (4 compases) y balancean la cadera izquierda 1 × 4 compases.

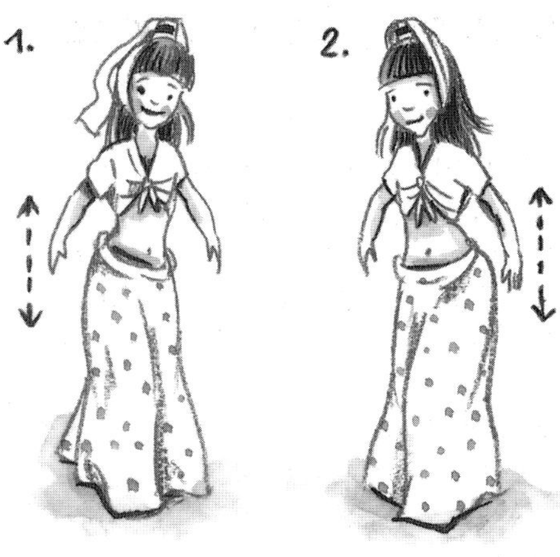

4ª figura
(2 × 8 compases):

Los niños dan cuatro pasos adelante (4 compases). Balanceo de cadera derecha-izquierda, izquierda-derecha (1 × 4 compases); 4 pasos atrás (1 × 4 compases), y nuevo balanceo de cadera derecha-izquierda, izquierda-derecha (1 × 4 compases).

5ª figura
(2 × 8 compases):

Mover alternativamente los hombros hacia delante y hacia atrás; se admite un ligero balanceo de la parte superior del cuerpo.

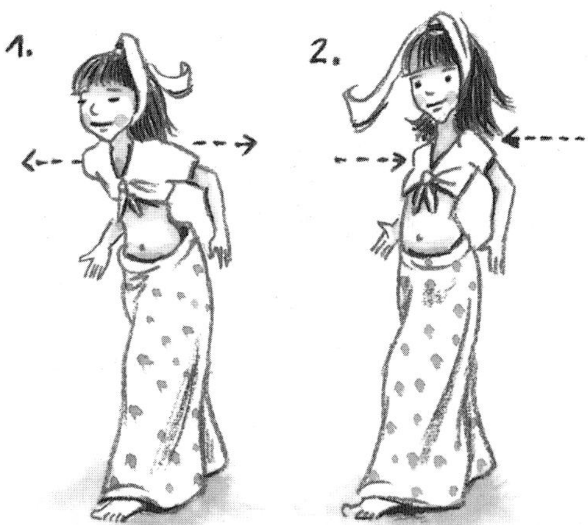

A continuación: se puede repetir otra vez desde el principio.

Variante:

Edad: A partir de 4 años.
1ª figura: Si fatigan demasiado los círculos completos con los brazos, moverlos arriba y abajo «serpenteando».
2ª figura: Los círculos con las caderas son fáciles, pueden ejecutarse sin variación.
3ª figura: Mantener los giros, puede simplificarse el movimiento de caderas.
4ª figura: Repetir 3ª figura.
5ª figura: Repetir 3ª figura.

DANZA DE LAS LUCES

En las bodas de algunos países, todas las mujeres de la aldea acompañan a la novia en el recorrido al encuentro del novio. Llevan dos velas encendidas y forman un corro. Entonces van saliendo una a una, se acercan con las velas a la novia y bailan con ella. Esas luces simbolizan la vida e iluminarán a la pareja.

Material: 2 vasos de agua por niño y 2 velas de té. Normalmente bailan con dos cuencos de vidrio, pero las velas de té se caerían fácilmente. También pueden usarse velas corrientes fijándolas sobre un platillo con unas gotas de cera fundida.
Número: Cualquiera.
Edad: A partir de 8 años.
Música: Una pieza de música oriental (instrumental).

1ª figura (2 × 8 compases): Los niños de pie, formando círculo, mantendrán los vasos con las velas encendidas delante del cuerpo, a la altura del pecho, con las palmas de las manos vueltas hacia arriba. Abrir los brazos lateralmente en la «postura del egipcio» (1 × 4 compases), el cuerpo bien erguido. Levantar lateralmente las luces (1 × 4 compases) y bajarlas a continuación (1 × 4 compases). Por último, y lentamente, juntar de nuevo las manos frente al cuerpo (1 × 4 compases).

2ª figura (2 × 8 compases): Los niños caminan en círculo, el uno detrás del otro y abriendo alternativamente los brazos con las luces hacia los lados, primero con la derecha (1 × 4 compases) y luego con la izquierda (1 × 4 compases). Repetir una vez más.

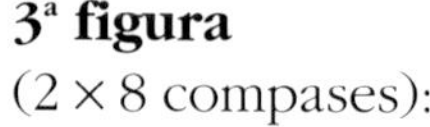

3ª figura (2 × 8 compases): Sin moverse del lugar, los niños empiezan a girar lentamente sobre sí mismos, los brazos en la postura «del egipcio», primero a la derecha (1 × 8 compases), y luego a la izquierda (1 × 8 compases).

4ª figura
(2 × 8 compases):

Los niños forman un corro, las velas delante del cuerpo en actitud oferente, como si fuesen bandejas. Entonces empiezan a girar lentamente sobre sí mismos, llevando alternativamente las velas en semicírculo, una mano por encima de la otra.

5ª figura
(2 × 8 compases):

Los niños forman un corro. Alternativamente separan las luces llevando primero la mano hacia abajo, luego por detrás del cuerpo, hacia arriba, y terminando hacia delante. Es decir, que el brazo describe un círculo hacia atrás. La mirada sigue la luz. Se hace primero con la mano derecha y luego con la izquierda.

Finalmente se juntan las manos de nuevo delante del cuerpo.

FIESTA ORIENTAL

En la casa oriental nunca faltan oportunidades de festejar: se celebran los días santos del islamismo, el nacimiento de una criatura, una boda, la llegada de unos visitantes, todas ellas ocasiones para comer, beber, hacer música, cantar y bailar.

Edad: Cualquiera.

Preparación de la fiesta:
Hay que elaborar las comidas y bebidas, según la receta. Todos los participantes deben disfrazarse (tendrán más aspecto oriental cuantas más prendas superpuestas se pongan). Poner colgaduras en las ventanas y cubrir los suelos con alfombras. Montar un diván de colchones y almohadones.

Hechos todos estos preparativos, puede dar comienzo la fiesta:

Todos se sientan juntos en el diván, comen, beben y cuentan historias a la manera oriental. La fiesta se anima con un baile, mientras los espectadores baten palmas y se balancean al ritmo de la música. Finalmente bailarán juntos la danza nupcial *halay*.

DANZA NUPCIAL HALAY

Es una danza originaria de Anatolia. Halay *significa «reunión» y se baila siempre que hay algo que celebrar. Los bailarines forman cadena y van recorriendo toda la estancia, como en la danza de la polonesa, pero tomándose de las manos.*

Música: La de la canción «Halay».
Material: El del disfraz, si se quiere.
Participantes: Cuantos más mejor.
Edad: A partir de 4 años.

Empieza con el pie derecho.

Tres pasos seguidos: derecho, izquierdo, derecho.

Un salto, con el pie izquierdo alzado. Otro, alzando el pie derecho. Nueva serie de tres pasos: derecho, izquierdo, derecho. Salto con el pie izquierdo alzado. Salto con el pie derecho alzado.

El último puede girar sobre sí mismo al tiempo que da los tres pasos, aunque necesitará practicar un poco.

En esta danza se pueden ejecutar diferentes formaciones, por ejemplo un corro o una espiral.

Variante

Si el salto sobre un pie todavía resulta demasiado difícil, puede sustituirse por esta secuencia: pasos derecho, izquierdo, derecho, puntada con el pie izquierdo, retrasar el pie izquierdo, puntada con el pie derecho, retrasar el pie derecho. Volver a combinar estos dos elementos. Los niños empiezan a paso normal y fácil, acelerando poco a poco hasta que sepan dar el salto.

Halay

Tradicional turca

Viene el tren, qué bello tren, ley, ley limi limi ley
Los vagones vacíos, limi limi güzel gel bize.

Tren gelir hos gelir, ley, ley limi limi ley
Odalari bos gelir, limi limi güzel gel bize.

Soñé que estabas aquí, ley, ley limi ley
Sé bienvenido conmigo, limi limi güzel gel bize.

Duydum yâr bize gelir, ley, ley limi limi ley
Sefa gelir hos gelir, limi limi güzel gel bize.

En Malatya las muchachas, ley, ley limi limi ley
Tienen los ojos negros, limi limi güzel gel bize.

Malatya 'nin kizlari, ley, ley limi limi ley
Koyu kahve gözleri, limi limi güzel gel bize.

En el baño de vapor

El *hammam* es lo que nosotros llamamos «baño turco», aunque sea de origen romano y esté extendido, en realidad, por todo Oriente. La cultura del baño ya se hallaba plenamente desarrollada 2.000 años antes de Cristo entre los egipcios y en Asia menor. Unas excavaciones en Irak correspondientes a ese período descubrieron una gran casa de baños con cincuenta bañeras de piedra. Los romanos llevaron los baños públicos a todos los países que conquistaron. En el año 330, cuando la actual Estambul, entonces llamada Bizancio, pasó a convertirse en capital del Imperio romano bajo el nombre de Constantinopla, se reunieron en ella las costumbres del baño griegas, las romanas y las orientales. Mientras tanto, en Europa empezaba la Edad Media y la hidroterapia caía en total olvido. Por lo que no es de extrañar que, hasta comienzos del siglo XIX, los occidentales fuesen considerados en Oriente como gentes nada limpias ni aseadas.

En el hammam no hay bañeras ni, por lo general, piletas grandes, porque, de acuerdo con una antigua superstición, son incubadoras de malos espíritus. A decir verdad, no es muy higiénico que varias personas usen la misma agua caliente al mismo tiempo o una tras otra. Los musulmanes se lavan siempre con agua corriente y en el Corán los arroyos de agua clara forman parte de las delicias del Paraíso.

La distribución del baño de vapor es la siguiente: el cliente entra en una zona de recepción que es una antecámara caldeada donde se quita la ropa y puede lavarse. Luego se ciñe a la cintura una toalla grande, puesto que no llevará otra prenda mientras permanezca en el hammam. A continuación pasa a la sala del vapor, calentada por debajo del suelo. Sin embargo, la temperatura no es tan alta como la de una sauna, sin embargo, lo cual permite que los clientes se entretengan durante horas, si gustan. Hay una piedra grande, caliente y de forma circular, sobre la cual uno puede hacerse frotar de pies a cabeza con un guante de crin (modernamente, de fibra artificial) por uno de los encargados. A continuación le enjabonan la espalda y los brazos, le echan agua caliente para aclarar y después agua fría, lo cual puede repetirse varias veces si así lo desea el cliente. El agua se toma de unos grifos que van llenando los recipientes previamente dispuestos. El cliente también puede hacerse dar un masaje.

La visita al hammam dura una hora como mínimo. El cliente descansa por último en una estancia caldeada donde conviene secarse poco a poco para evitar los resfriados. Se sirve té mientras los clientes charlan y se asean, para recibir por último unas fricciones de agua perfumada. Antiguamente, y en vísperas de las fiestas de solemnidad, se pintaban con henna y se friccionaban con esencia de claveles o de rosas. Mientras tanto, la ropa del cliente recibía unos sahumerios de sándalo o incienso.

Al igual que el bazar o la mezquita, el baño forma parte de la cultura urbana. El establecimiento tiene horarios distintos para hombres y mujeres. Los niños de corta edad se bañan con sus madres. La casa de baños es la «cafetería de las mujeres» y no era extraño que allí se concertasen los matrimonios de los niños. Es un lugar para limpiarse a fondo y relajarse a gusto. Las mujeres van por la tarde, generalmente los jueves, por ser la víspera del día festivo. Con frecuencia, el hammam es la única oportunidad que las mujeres tienen de frecuentar un lugar público. Son muchos los motivos para visitar los baños: al regreso de un largo viaje, o después de convalecer de una enfermedad, o cuarenta días después de dar a luz a un niño. Esta última tradición tiene un sentido de reincorporación a la comunidad femenina; es decir que el baño, además de la utilidad higiénica, cumple una función social.

Al salir, el encargado despide al cliente con un buen deseo:

¡Massalah!
¡Que Dios le ampare!

El genio del agua

Por la tarde Magda regresó a casa dorada por el sol pero muy cansada, después de pasar todo el día en la piscina en compañía de Zubeida, su hermano Yusuf y su madre. A la hora de cenar tenía muchas cosas que contar, casi como si fuese la primera vez que iba a la piscina.

—Estaban allí la tía de Zubeida y su prima, ¡y comíamos estupendamente! ¡Y cómo nos reíamos en las duchas! Todo el rato se nos escapaba la pastilla del jabón, y cada vez que nos agachábamos a recogerla se cortaba el agua caliente de la ducha.

—Casi parece que se os hubiese colado un pequeño *djinn* en esas duchas —sonrió el padre de Magda.

—¿Un djinn? ¿Qué es eso? —preguntó ella.

—Los djinn son unos espíritus, o genios, y los baños son uno de sus escondrijos preferidos, según las creencias orientales.

Esto le gustó a Magda y antes de acostarse quiso que su padre le contase más cosas. Él se sentó al borde de la cama y empezó:

En algún lugar de Oriente vivía en un antiguo hammam un genio del agua todavía más antiguo y muy pequeño. Los hammams son el refugio predilecto de los djinn porque les gusta esconderse entre el vapor de los surtidores de agua caliente. Cuando lo sorprendía algún bañista, él bajaba los ojos y pronunciaba las primeras palabras del Corán, «Bendito sea Dios, el Clemente, el Misericordioso», según es costumbre, antes de desaparecer. Hacía cientos de años que el genio vivía en aquellos baños, y había pasado a considerarlos un poco suyos: las gentes iban y venían, pero él siempre permanecía allí, desde hacía siglos. Se sabía de memoria todos los grifos y todas las baldosas del resbaladizo suelo. Aún recordaba los tiempos de esplendor de aquella casa de baños, cuando todo estaba nuevo y relucía como en un palacio. Aún se veían las viejas y preciosas pilas de mármol en donde se recogía el agua, pero, con el paso de los años, los grifos de oro habían desaparecido, sustituidos por otros de latón más sencillos, y las baldosas del suelo estaban agrietadas aquí y allá. En cambio la cúpula con sus tragaluces resistía el paso de los años casi incólume. Por allí habían pasado las bellas esposas del sultán, ya que los baños eran casi la única oportunidad de salir del harén. Pero los tiempos cambian y ahora el hammam abría hasta para las gentes del pueblo.

El pequeño djinn tenía un carácter travieso y todos los días se le ocurrían un par de bromas con que burlarse de la clientela. Cuando uno de los visitantes se desvestía en la recepción, formaba un montón con sus prendas y las dejaba puestas sobre los zapatos, como es debido; a veces el djinn las desordenaba y les cambiaba los zapatos, sólo para divertirse viendo la barahúnda de bañistas y oyendo sus discusiones mientras buscaban la ropa y el calzado.

Y cuando alguna madre frotaba con demasiado vigor a su hijo y lo hacía llorar, podía ocurrir que el djinn la sobresaltase dándole un pellizco en el brazo. Así ella se desentendía del crío para mirar a todas partes, irritada. Pero la broma que más le divertía era quitarles la pastilla de jabón de las manos a los bañistas y obligarlos a gatear por el suelo buscándola, para erguirse después muy ruborizados mientras volvían a ajustarse la toalla. En cambio, el djinn prefería evitar el recinto del baño de vapor, porque el exceso de calor lo evaporaba, y entonces el fantasma se volvía ligero como una pluma y se quedaba flotando en la cúpula del techo hasta la noche, en que la gente se marchaba y se cerraban las puertas del establecimiento.

En cuanto a los encargados o bañeros, algunos le caían simpáticos y otros no. Los cambiaban a menudo. Cuando se abría la casa para las mujeres, entraban las encargadas. El djinn, cuando un hamamí le caía mal, le entorpecía las manos hasta que el cliente se enfadaba y lo despedía para reclamar los servicios de otro.

A los clientes de la sala de reposo no los molestaba, por si no volvían a la casa de baños. En cuyo caso, el djinn se habría quedado sin distracción. A veces, sin embargo, les robaba un sorbo de sus zumos de frutas, o se comía uno de los pastelillos.

La gran debilidad del djinn eran los perfumes. Siempre que veía una botella abierta se acercaba a olfatearla. ¡Con tal de que no se haya caído dentro de una de ellas y no haya quedado prisionero durante unos cientos de años más!

Lavarse, sentirse a gusto

De acuerdo con este capítulo sobre el hammam, los juegos y actividades tratarán de la percepción del propio cuerpo. Las sensaciones que transmite el agua figuran entre las más primitivas, ya que la piel de la criatura antes de nacer percibe la presencia del líquido amniótico. De ahí el placer y la relajación que produce el baño, según creen algunos.

En Europa quedan pocos baños turcos. Aquí tenemos las duchas de los polideportivos y las piscinas de los clubes de natación, las particulares, las municipales, las de los campings, hoteles, etcétera, que son lugares en donde un grupo puede practicar distintos juegos con el agua.

VISITA AL HAMMAM

Para más detalles sobre los efectos del baño de vapor, consultamos un libro de Sebastian Kneipp, el popular redescubridor de la hidroterapia en la Europa del siglo XIX. *Según el abate Kneipp, las irrigaciones alternativamente calientes y frías estimulan la circulación, activan el riego sanguíneo de la piel y fortalecen el sistema inmunitario, que es fundamental para la salud. En los niños, especialmente, tonifican, fortalecen y previenen, por ejemplo, el típico resfriado de los cambios de estación. Después de enjabonar el cuerpo, Kneipp recomienda frotar la piel húmeda con un guante de masaje, para quitarse finalmente la espu-*

ma bajo chorros de agua caliente y fría. Para recibir el agua fría, el cuerpo debe estar caliente, lo que se consigue mediante la fricción previa con un guante de sisal. Para finalizar, un rato de descanso y relajación tonifica y sosiega el sistema nervioso.

Material: Pantalón o traje de baño, jabón, un guante de baño para cada criatura, jarras para echar agua (y en caso necesario, barreños para recogerla), toalla grande de baño, alfombrillas, guantes de crin para masaje, aceite de masaje, cepillos diversos, peines, barniz de uñas, pigmentos cosméticos, agua perfumada, objetos varios (erizos de goma, pieles, algodón, abalorios), refrescos y fruta o dulces.
Lugar: Estancia caldeada en la que no sea problemático andar con agua, o baño al aire libre (en verano y en día claro con aire tranquilo). El gabinete de una esteticista puede ser otra habitación.
Edad: Cualquiera.

Debe tenerse en cuenta, al elegir lugar, que la temperatura ambiente no sea inferior a 20 °C. Como en el supuesto hammam no hay encargados, los niños formarán parejas para atenderse y ayudarse mutuamente.

Lavatorio

Para empezar, los participantes se enjabonarán a fondo, excepto la espalda, que será enjabonada por un compañero o compañera. Ayudándose mutuamente, se quitarán el jabón con agua caliente de las jarras. Una rociada con agua fría concluye esta primera fase.

Sudación

La rociada fría caldea rápidamente la piel. Los visitantes del hammam no se secan, sino que se envuelven apretando bien la toalla de baño. Sentados sobre las esterillas, notarán cómo sube el calor corporal.

Fricción

Con el guante de masaje, los bañistas se frotan en primer lugar los brazos, desde las puntas de los dedos hacia los hombros, sin presionar demasiado. A continuación las piernas, desde las puntas de los pies hacia las nalgas. Finalmente, el compañero utilizará el guante de masaje para friccionar la espalda con suavidad desde la columna vertebral hacia los costados. En total esta fase no debe durar más de 5 minutos.

Rociada caliente y fría

Los propios niños determinarán la temperatura del agua caliente y fría en las jarras. Ellos mismos se verterán el agua sobre los brazos y las piernas, pero para la espalda intervendrá nuevamente el compañero, siempre con la temperatura del agua a gusto del bañista. Se echa primero el agua caliente, luego la fría, y si se quiere pueden repetir, caliente y fría. En todo caso, hay que extremar las precauciones huyendo de temperaturas excesivamente calientes o frías.

Masaje

Los bañistas se friccionan con aceite de pies a cabeza, ayudándose mutuamente para la espalda. Por turnos, cada uno se tumbará de espaldas sobre su toalla. Para el masaje se dirá en voz alta la narración de la página siguiente, que va indicando la secuencia de las acciones.

Vamos a amasar un pan

¡Ahora vamos a elaborar el pan! En este juego, los bañistas del hammam tendidos serán tablas de amasar y puesto que los maderos no hablan, les corresponde quedarse quietos y callados, y, mejor todavía, estar con los ojos cerrados. El compañero o compañera hace de panadero y con las manos sobre la espalda del otro va simulando las acciones que se describen.

En primer lugar echaremos las migas de levadura sobre la tabla.	Con los dedos, desmigar la imaginaria levadura sobre la espalda del otro.
Un chorrito de agua para disolver la levadura.	Rozar la espalda con el dedo y después amasarla.
Añadimos un poco de harina y hacemos la masa previa.	Con las puntas de los dedos, espolvorear la imaginaria harina sobre la espalda del otro.
Ahora la masa tiene que reposar unos momentos. *Espolvoreamos el resto de la harina sobre la tabla y añadimos un poco de sal.*	Descansar las dos manos sobre la espalda. Rozar otra vez con los dedos por toda la espalda.
Amasar con fuerza.	Amasar intensamente la espalda.
Agregamos un poco más de agua y seguimos amasando.	Rozar la espalda con la punta del dedo y volver a amasar.
Añadimos un poco de aceite para dar suavidad a la masa.	Rozar la espalda con la mano y volver a amasar.
Formamos una gran albóndiga de masa y luego la dividimos.	Emular las formas con ambas manos rozando ligeramente hacia los costados.
Partimos la masa en cuatro tortas redondas.	Pasar los dedos por la espalda como si hiciéramos dos cortes.
Las tortas se meten en el horno y se cuecen a 200 °C.	Apoyar las palmas de las manos sobre la espalda y esperar un rato mientras el sujeto nota el calor del masaje.

Al cabo de un rato los niños echados imitarán el sonido de un timbre fuerte para indicar que están cocidos los panes, y repiten la sesión invirtiendo los papeles.

Variante:
¿Con qué me están tocando?
Uno de los niños se coloca boca abajo y el otro le roza la espalda con diferentes materiales (erizo de goma, algodón, un trozo de piel, unos abalorios, etcétera). El niño describirá la sensación que le produce, dirá si le gusta o no, y luego intercambiarán los roles. Para terminar, pueden jugar a dibujar con los dedos números o figuras en la espalda del otro y que éste adivine lo que se ha intentado representar.

Relajación
Cuando todos hayan recibido el masaje, se envolverán en las toallas de baño (si éstas han quedado demasiado húmedas, cambiarlas) y buscarán un lugar cómodo sobre las esterillas para escuchar la narración siguiente.

La canica mágica
Todos los niños desde que nacen tienen una canica mágica con la que sentirse a gusto siempre que quieran. Está en la barriga, un poco más arriba del ombligo. Puedes jugar con tu canica mágica, pero son pocos los niños que lo saben. Para moverla se controla con la respiración.

Tomar aire a fondo (inhalar) y después expulsarlo a fondo (exhalar). La canica sube y baja. Lo repetiremos un par de veces.

A continuación inhalamos para enviar la canica a lo largo de la pierna derecha hasta el dedo gordo del pie derecho. La primera vez, a lo mejor la canica rueda sólo hasta la rodilla. Entonces exhalamos y tratamos de empujarla otra vez hasta el pie inhalando de nuevo. Al exhalar, la canica habrá rodado un poco más. Por todas partes donde pasa la canica nos sentimos maravillosamente ligeros y descansados.

La enviamos a la pierna izquierda...

luego al brazo derecho...

al brazo izquierdo...

por la columna hacia arriba hasta la cabeza...

la pasamos sobre la cara, por la frente, alrededor de los ojos, de los labios, por las mejillas, la nariz, las orejas...

... Cuando la canica mágica nos haya visitado por todas partes, la llevaremos al vientre y jugaremos un poco más con ella, como más nos guste. Y cuando estemos completamente relajados, la guardaremos otra vez en su cajita mágica, encima del ombligo...

Ahora que lo sabemos, podremos usar la canica mágica todas las veces que necesitemos relajarnos.

En el gabinete de estética
Después de la relajación termina la visita al hammam con una sesión de aseo y embellecimiento. Se sirven refrescos y un poco de fruta o dulces. Los niños seguirán formando parejas. En primer lugar se peinarán mutuamente, ensayando diversos estilos si quieren. También pueden pintarse las uñas de las manos y de los pies, si así lo desean. Con los pigmentos cosméticos se dibujarán en el brazo algún adorno que recuerde la visita al hammam. Antes de salir se humedecen un poco la cara con agua perfumada.

LAVADO CON ARENA

Los creyentes musulmanes deben purificarse antes de la oración. Ahora bien, puede suceder que hallándose uno de viaje no encuentre agua a la hora de las oraciones. En esta situación, el Corán lo autoriza, excepcionalmente, a lavarse con arena.

Material: Pantalón o traje de baño, manguera, toalla de baño.
Lugar: Cajón de arena, o playa.
Edad: Cualquiera.

Para ponerse en situación, los niños se echarán a rodar por la arena uno tras otro, como si se «enjabonasen» con ella. Forman parejas, el uno tumbado boca abajo y el otro soltando un chorrito de arena entre los dedos sobre la espalda, los brazos y las piernas de su compañero. Al cabo de un rato cambian de rol..

Por último, todos se duchan con la manguera para quitarse el polvillo de la arena.

Variante

Material: Como antes.
Lugar: Cualquier jardín con tierra y un grifo con agua corriente.
Edad: Cualquiera.

En vez de arena, los niños se frotan con un poco de barro los brazos, las piernas, la barriga y la espalda. Cuando se cansen de este juego, se quitarán mutuamente el barro con una manguera.

En palacio

Siempre ha sido muy alabado el esplendor de los palacios orientales, aunque pocos han tenido ocasión de comprobarlo personalmente. En primer lugar, porque en ellos existe una división estricta entre el espacio público y el privado. Y en segundo lugar, porque con frecuencia los sucesivos soberanos se dedicaban a arrasar los palacios de su predecesores. En cambio las mezquitas muchas veces se salvaron, porque eran respetadas al tratarse de casas de Dios. En este capítulo, por el contrario, un mundo parecido al de *Las mil y una noches* encuentra su lugar, el de las leyendas sobre la fastuosa vida en la corte de los califas y sultanes de antaño.

Califa significa «sucesor» en árabe. Como herederos de Mahoma, eran a la vez jefes espirituales y políticos. Ellos conferían el título de sultán, que era una jefatura exclusivamente política.

Para tener una idea de la magnificencia de los palacios orientales podemos acudir a lo que se sabe de Harun al-Raschid, el quinto califa abasí que reinó en Bagdad entre 786 y 809. Durante su califato, Bagdad conoció una gran prosperidad económica y cultural. En *Las mil y una noches* se elogia la sabiduría y la justicia de este personaje, cuya fama llegó hasta Europa en vida del mismo. Los embajadores que visitaron su corte contaron lo que habían visto allí, es decir la fastuosa decoración de las salas de audiencia. Según las crónicas, tenían decenas de miles de tapices de seda bordados en oro y plata, los suelos recubiertos de costosas alfombras, y cientos de divanes que invitaban al descanso. El ambiente de las estancias se refrescaba con fuentes de agua perfumada de almizcle y rosas. En una de las salas se alzaba por medio de una maquinaria, cuentan, un árbol artificial de oro que no debía de pesar menos de mil kilos, en cuyas ramas cantaban pájaros autómatas de metal. El califa comparecía siempre ataviado con las más lujosas prendas. En sus roperos tenía 4.000 túnicas de seda bordadas en oro, otras tantas con cuello y puños de pieles, 10.000 camisas, 10.000 kaftanes, 2.000 pantalones y 4.000 turbantes.

Entre los palacios islámicos que se conservan actualmente, destacan el Topkapi de Estambul y la Alhambra de Granada. Ambos fueron construidos hacia los siglos XIV-XV. No existe un modelo único de construcción islámica, ya que siempre los adaptaban a las necesidades del soberano, pero la Alhambra («castillo rojo» en árabe), edificada en los siglos XIII-XIV por los árabes andalusíes, señala un momento de perfección de la arquitectura islámica. Siglos antes, en 756, se refugió en esa región Abderramán I, el último descendiente de la dinastía de los Omeyas, que fundó el califato de Córdoba. Las paredes de las salas de audiencias están totalmente ornamentadas con ara-

bescos y versículos del Corán. Preciosas fuentes y arcos de mármol permiten que el visitante se forme una idea del antiguo esplendor. En el Generalife («jardín del más alto Paraíso») se reúnen los elementos típicos de la jardinería morisca. Los artistas andalusíes se inspiraron en las descripciones coránicas del Paraíso como un bello huerto y remanso de paz a la sombra de los árboles, refrescado por manantiales inagotables. El elemento principal es la planta rectangular dividida en cuatro cuartos por los caminos y por cuatro acequias que confluyen en el centro, como los cuatro ríos del Edén islámico.

El Topkapi de Estambul es un serrallo (palabra persa y turca que significa «palacio») que simula un gigantesco campamento situado en medio de un extenso parque. Las audiencias y las fiestas no se celebraban en salones sino en diferentes pabellones llamados en turco *kösk*, de donde deriva nuestro «quiosco».

Estambul era ya una ciudad antigua, que arrastraba una larga historia. El sultán Mehmed II la conquistó en 1453 cuando se llamaba Constantinopla y era la capital del Imperio bizantino. Bajo el nombre de Istanbul fue en adelante la del Imperio otomano u osmanlí (así llamado por el nombre de su fundador, el sultán Osmán I), cuyo poder duró hasta el final de la primera guerra mundial, cuando la ciudad pasó a ser ocupada por franceses e ingleses. El palacio fue fundado en 1478 y creció gradualmente por el procedimiento de ir añadiendo pabellones, hasta 1923, en que Mustafá Kemal Pachá, llamado Atatürk, lo convirtió en museo. Todavía pueden admirarse muchos objetos maravillosos en su cámara del tesoro, coleccionados por los soberanos turcos en el transcurso de los siglos.

Por la puerta del serrallo se entra en el recinto del palacio propiamente dicho y se llega a la entrada del harén. También hubo harenes en la India, en Persia y en China, pero el mayor de todos fue el del Gran Serrallo. Tenía cuatrocientas habitaciones, y estaba reservado al sultán y sus familiares más próximos. Las mujeres que vivían allí no tenían ningún contacto con el mundo exterior.

Todo el mundo sentía curiosidad por saber lo que sucedía detrás de los muros... pero allí no se permitía la entrada a nadie. Algunas veces, el personal de servicio que tenía acceso al harén contaba historias a algún embajador o mercader, pero esas confidencias sólo ofrecían una imagen distorsionada de la realidad. Poco se sabe de cierto; podemos dar por seguro que había distracciones, comodidad y riqueza, pero también rivalidades, intrigas y mucho dolor.

Cierto que todos los humanos son iguales según el Corán, pero el palacio tenía muchos esclavos y esclavas para las actividades que se juzgaban poco honrosas, como las de los cómicos, bailarines y cantantes. En el harén la esclava u odalisca tomaba un nombre persa y era obligada a convertirse. La jefatura del harén le correspondía a la madre del sultán. Existía también la famosa «jaula de oro» donde se encerraba a los hermanos del sultán para que no se les ocurriese rivalizar con él e intentaran quitarle el trono.

Hoy todavía se construyen palacios en Oriente. Por ejemplo, el palacio real marroquí de Fes el-Jedid, erigido por Hassan II, el cual, designado rey en 1961 y recientemente fallecido, pretendió proclamarse califa de los creyentes al modo de sus antepasados históricos. Este palacio no se abre al público y únicamente lo utiliza la familia real; se cuenta que sus lujos no desmerecen de los de la corte de Bagdad. A comienzos de la década de 1970, el sultán Qabus ibd-Said hizo construir un refulgente palacio azul y oro en Masqat (Omán), que tampoco es accesible al público, aunque hoy no lo cuidan esclavos, sino empleados domésticos bien retribuidos.

La historia de Sherezade

Esta noche Zubeida se ha quedado a dormir en casa de Magda. Han amontonado almohadones en el suelo y se divierten saltando sobre ellos desde la cama, con gran estrépito. Y habrían continuado así mucho rato, pero antes se presentó la madre para contarles un cuento, como solía hacer cuando acostaba a Magda. Las niñas ordenaron los almohadones, se sentaron y se volvieron hacia la madre, que se dispuso a contar la historia de Sherezade.

Hace muchos años vivía en Samarcanda una muchacha llamada Sherezade. Tenía quince años y una hermana de nueve, llamada Duniazade. El padre de las niñas era un hombre muy considerado, ya que desempeñaba el cargo de visir del sultán Shahirar. Así que la familia disfrutaba de una existencia cómoda y una bonita casa. Y aquí habría acabado el cuento, pero resulta que el padre de Sherezade y Duniazade se sentía muy infeliz, a pesar de su buena fortuna. Hacía un año que el sultán había enviudado, y el dolor lo había convertido en un hombre frío y cruel. Todas las noches su visir le traía una esclava para que el sultán pasara la noche con ella. Pero al amanecer, el sultán mandaba ejecutarla porque le recordaba la pérdida de su difunta. En todo el reino la gente

estaba muy atemorizada, y las familias escondían a las hijas en edad de merecer, no fuese a caer la desgracia sobre ellas.

Antes, cuando vivía la sultana, era un gran honor para cualquier muchacha el ser admitida en el harén de palacio. Allí le enseñaban a leer las antiguas escrituras, aprendían en los jardines el conocimiento de todas las plantas y la manera de preparar infusiones y pócimas, y practicaban la música y la danza, refinamientos que una familia pobre, por ejemplo, nunca habría logrado ofrecer a sus hijas. En las recepciones del sultán, estas muchachas distraían a los invitados con sus canciones y sus bailes, y no pocas veces algún joven príncipe huésped del sultán se enamoraba de una de las jóvenes y se la llevaba para hacer de ella su esposa. Con lo que todos los parientes de la afortunada dejaban de ser pobres para convertirse en ciudadanos prósperos y bien mirados.

Desde el fallecimiento de la sultana, sin embargo, el harén languidecía sin que nadie se ocupase de las chicas. Las familias que habían enviado a sus hijas estaban devoradas por los remordimientos y por la angustia de no saber qué había sido de ellas, ni si estaban vivas todavía. Todo el reino andaba entristecido por tal estado de cosas. Y también el padre de Sherezade y de Duniazade, que no pegaba ojo porque se sentía responsable en parte, y no veía la manera de poner término a la desgracia de aquellas jóvenes.

Sherezade habló con su hermana pequeña y juntas idearon un plan. Sherezade había aprendido a leer muy pronto, y la lectura se había convertido en una de sus ocupaciones favoritas. Sabía muchas historias y leyendas antiguas, y estaba al tanto de la sabiduría de muchos pueblos ya desaparecidos. La hermana pequeña de Sherezade, cuando se aburría, le pedía un cuento. Y así sucedió que Sherezade, además de reunir la ciencia de más de un millar de libros, había aprendido a contar maravillosamente todo lo que leía. Cuando ella hablaba conmovía el corazón de quien la escuchase, porque sus palabras estaban llenas de una profunda sabiduría.

Como no querían que su padre sufriese, las dos muchachas concibieron un plan audaz para disuadir al sultán de sus crueles acciones, a fin de que éste se consolase de su pena y volviese a tratar con misericordia a las gentes del país. Una vez concebido el plan, rezaron a Dios para que las ayudase, porque todo el reino padecía mucho por lo que el sultán estaba haciendo.

Las dos hermanas fueron a hablar con su padre, le explicaron sus intenciones y le pidieron que, cuando se hiciese de noche, las llevase a donde el sultán descansaba. El visir, muy asustado, se arrojó al suelo y suplicó a Alá que impidiese lo que iba a ocurrir, porque aquellas hijas suyas eran su único bien y, si las perdiese, él no querría seguir viviendo. Pero ellas estaban decididas y el padre, al ver que no iban a cambiar de opinión, empezó a creer que tal vez lo conseguirían. Apesadumbrado, esperó al anochecer y entonces acompañó a sus hijas al palacio.

Las muchachas quedaron impresionadas por la magnificencia del palacio y sus bellezas: los tapices, las alfombras, el lujoso baldaquín bajo el cual se sentaba el sultán en su trono. Fueron recibidas con un refrigerio y luego Duniazade le pidió a su hermana que contase una de sus historias. El sultán, que se aburría mucho y agradecía cualquier distracción, aprobó la idea y dio su autorización para que Sherezade comenzase. Entonces ella contó la historia del pescador que encontró una botella. Las palabras fluían con soltura de sus labios y el sultán quedó encantado con la habilidad narrativa de Sherezade. Y cuando el genio escapó de la botella,

Duniazade tuvo un susto y hasta el sultán iba exclamando «¡oh!» y «¡ah!», pendiente del relato. Como estaban solos, sin la presencia de ningún otro adulto, se permitía reaccionar con naturalidad.

Cuando terminó el cuento con su final feliz, amanecía ya y los pájaros cantaban en las enramadas. Sherezade se había pasado toda la noche hablando. El sultán, satisfechísimo, las envió a casa, pero no sin rogar antes a Sherezade que se presentase la noche siguiente para contarle otro cuento. Así que las dos muchachas continuaron con vida, y los centinelas de palacio no daban crédito a sus ojos cuando las vieron salir sanas y salvas, aunque un poco ojerosas por el sueño. A partir de entonces, todas las mañanas fueron iguales. Pasaban el día en su casa, y de noche iban al palacio. Y el sultán no se cansaba de escuchar las historias de Sherezade. Poco a poco, ella fue hablándole de todas las cosas del mundo, de todos los destinos humanos, y el corazón lastimado del sultán empezó a recobrarse. A veces lloraba las penas del pasado y su llanto era tan fuerte que sobresaltaba a todo el harén. El visir estaba orgulloso de sus hijas y la fama de Sherezade corrió por todo el país. Las residentes del harén ya no temían por sus vidas y volvieron a reír y cantar.

Sherezade habló durante mil y una noches, hasta que hubo contado todos los cuentos que sabía. Y cuando terminó esa noche milésimo primera, el sultán se alzó de su diván, se puso de rodillas delante de Sherezade y le preguntó si deseaba ser su esposa. Y como mientras tanto Sherezade había cumplido casi tres años más y ya estaba en edad de casarse, aceptó, porque ella también le había tomado afecto al sultán. Todos los cortesanos se prosternaron ante ellos y hubo gran júbilo en todo el país, al que Sherezade había salvado con su arte.

Magda y Zubeida escuchaban con las espaldas muy tiesas y los ojos abiertos.

—¿De verdad hay tantos cuentos? —exclamó Magda.

Su madre alargó la mano hacia una estantería y dijo:

—Si quieres saberlo, lee este libro.

Magda se puso a descifrar los ornamentados caracteres del título: *Las Mil y Una Noches.*

Juegos de palacio

Los que residían en los palacios no se preocupaban demasiado de las cosas cotidianas como hacer la comida o coser prendas. Tenían una existencia muy cómoda, por lo que se dedicaban a buscar, sobre todo, maneras de distraerse y matar el tiempo. Cuando una persona entraba a vivir allí por lo general se quedaba para siempre, incluso cuando lo hacía sin un cometido concreto que desempeñar. También se aburrían los propios soberanos y los esclavos se veían obligados a discurrir maneras de distraer al califa o sultán.

LA BIENVENIDA A LOS INVITADOS

Para saludar a los invitados a palacio conviene conocer los títulos de las autoridades y dignatarios. El califa *era un sucesor del Profeta, y por tanto autoridad religiosa a la par que política. Los títulos de* sultán *y* emir *existen todavía y mandan más los primeros.* Emir *significa primer mandatario y soberano del país.* Jeque *es el caudillo de una tribu.* Visir (*del árabe* uacir, *«soporte»*) *es un ministro del estado.*

Número: A partir de 8 jugadores.
Edad: Cualquiera.

Que cada uno diga si quiere ser sultán, emir, jeque o visir. Una vez hayan adoptado todos su título, la persona que dirige el juego dará la señal y todos se pondrán a caminar por la habitación. Cuando se encuentren dos dignatarios se saludarán mutuamente y de acuerdo con su categoría:

El sultán se inclina una vez, con los brazos cruzados delante del pecho.

El emir se inclina dos veces de la misma manera.

El jeque se inclina tres veces.

El emir se inclina cuatro veces.

A otra señal, los dignatarios de igual categoría deben correr a reunirse. ¿Conseguirán identificar sin error a los suyos?

¿Cómo te va?

Tradicional de Sudán

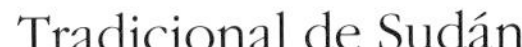

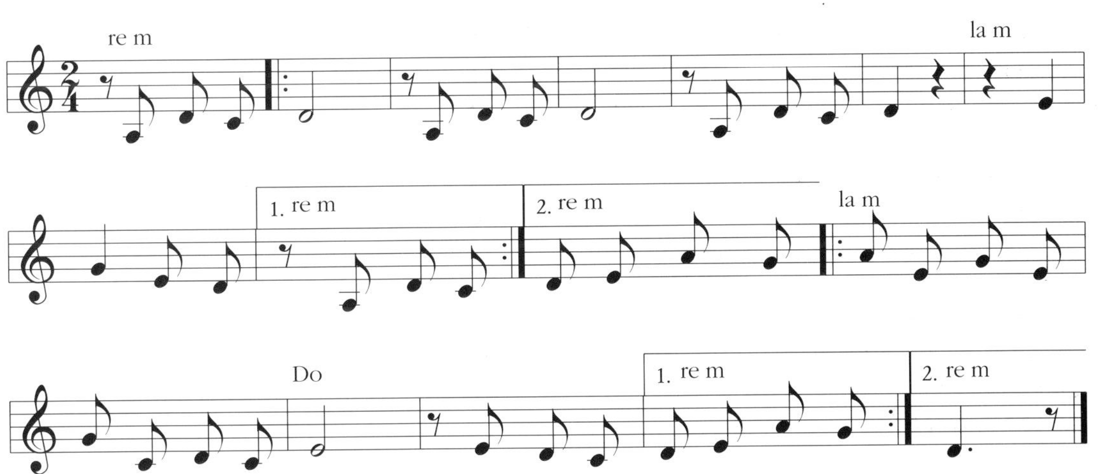

¿Cómo te va?
A mí muy bien.
¿Cómo te va?
A mí también.

Qué bien nos va.
Yo soy del Sudán
Yo soy de aquí
Vivo aquí al lado.
Yo soy de allá.

2ª estr.: ... del Irán
3ª estr.: ... del Kurdistán
Iseyekum, Kefinekum
Ana lesh Seman
Maschuftekum

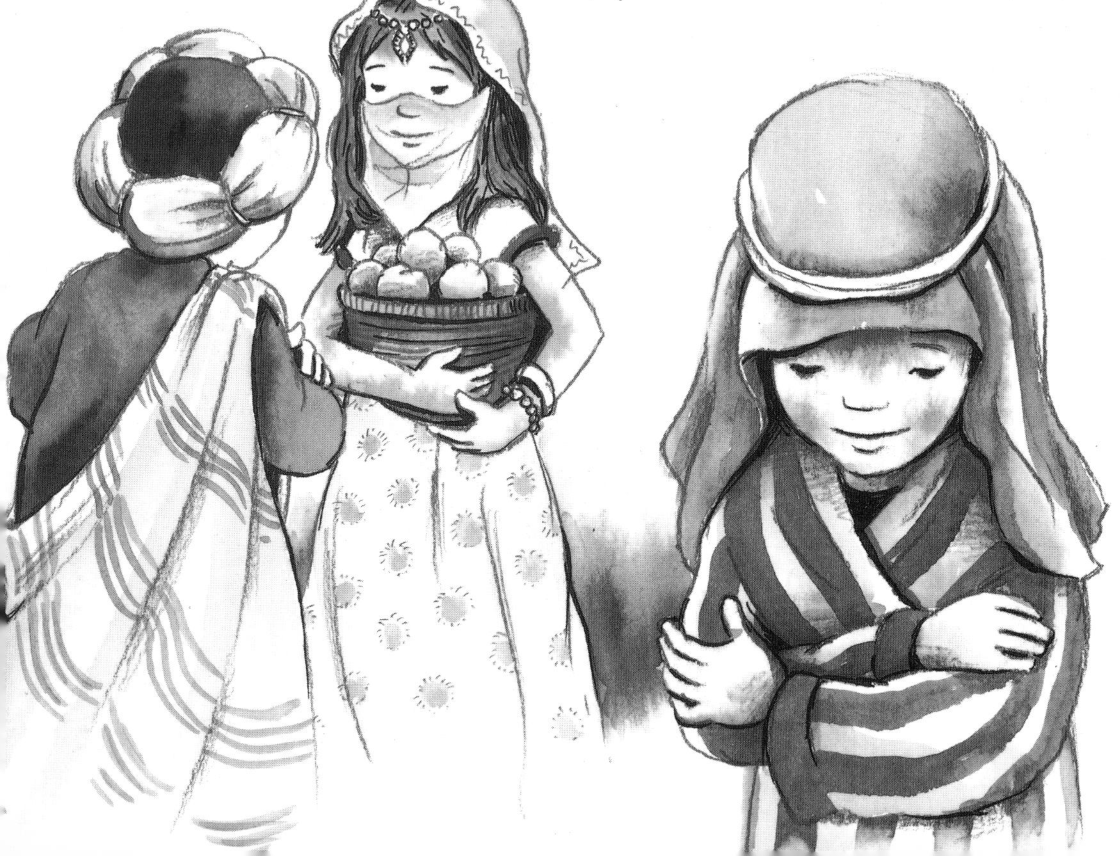

ADIVINANZAS

Un pasatiempo favorito del harén consistía en proponerse mutuamente acertijos o adivinanzas. Éste es de los antiguos:

Amarillo como el azafrán,
precioso como el Corán
(el oro)

Edad: A partir de 8 años.
Nota: Deben proponerse adivinanzas en base a conceptos conocidos para los niños. Algunos ejemplos fáciles podrían ser:

En el palacio es residencia de la mujer
y ningún forastero lo puede ver.

(el harén)

Colgado al cuello lo llevarías
para que te dé suerte todos los días.

(el talismán)

Con sus cuentos hechizó,
mil y una noches habló.

(Sherezade)

Amo del país y del palacio,
viste seda, brocado y damasco.

(el sultán)

Aquí la gente se junta a pasar el rato,
y salen todos limpios y cepillados.

(el hammam)

El agua se quejaba, porque para llevarla
al monte, la extrajeron del mar.

(la lluvia)

TRES MANZANAS

Uno de los pasatiempos favoritos del harén era contar historias: para vivir aventuras con la imaginación, al menos. Tradicionalmente, el narrador siempre terminaba diciendo «tres manzanas cayeron del cielo, una para el narrador, otra para el oyente, y la tercera me la como yo». Se supone que estas palabras se ponían en boca del héroe protagonista.

Participantes: A partir de 5.
Edad: A partir de 5 años.

Es un juego de grupo. Dos de los participantes salen afuera. Uno de ellos es el narrador, el otro el oyente. Ambos traman una historia cuyo protagonista sea un tercero de los del grupo. Se trata de incluirlo en la aventura describiéndolo con pelos y señales, de manera que sea posible adivinar a quién se refiere.

A continuación los dos se reunirán de nuevo con el grupo. El narrador dirá el cuento y el designado como oyente debe colaborar haciéndole preguntas intencionadas.

Cuando termine el relato, todo el grupo recitará en voz alta:

«Tres manzanas cayeron del cielo, una para el narrador, otra para el oyente...».

El niño que se considere retratado como protagonista de la aventura exclamará entonces:

«Y la tercera me la como yo.»

Si acierta, pasa a ser el nuevo narrador y elegirá nuevo oyente. De lo contrario, el narrador y el oyente anteriores explicarán el error, y el verdadero protagonista será el narrador de la siguiente aventura.

Juegos de «Las mil y una noches»

El talento para narrar era muy apreciado en palacio. Los cuentos orientales tratan a menudo del deseo de poseer riquezas, de la libertad perdida y recobrada, y de genios que tienen poder para conceder la realización de un deseo.

IFTAH YA SIMSIM

El cuento de Alí Babá y los cuarenta ladrones menciona una piedra que se apartaba cuando alguien pronunciaba la fórmula mágica ¡Iftah ya simsim!, *es decir «sésamo, ábrete». Y cuando Alí Babá entró en la caverna encontró grandes tesoros en su interior. Este relato da pie al juego siguiente.*

Número: A partir de 10 jugadores.
Edad: A partir de 8 años.

Se forman dos grupos. Uno de ellos será el de los «ladrones» y los demás representarán el tesoro. De éstos, cada uno dirá qué objeto precioso va a representar (alfombra, joya, vasija, lámpara...), y tratará de hacerlo visible con su mímica. Cuando todos hayan adoptado las posturas que consideren adecuadas, y a la voz de «sésamo, ábrete» (o «iftah ya simsim»), los ladrones irán diciendo los objetos que crean reconocer. Cada vez que acierten el objeto en cuestión, deben levantarse y unirse al grupo de los ladrones, ya que el objeto ha pasado a ser propiedad de éstos, pero debe abstenerse de dar pistas. ¿Conseguirán quedarse con todo el tesoro?

Variante
Edad: A partir de 4 años.

Todos los niños de la cueva representan el mismo objeto. Los ladrones dicen «sésamo, ábrete» y tienen tres oportunidades de adivinar qué es lo que se les ofrece. Cuando lo consigan, los jugadores invertirán los papeles.

RAPTO DEL SERRALLO

A menudo los esclavos quedaban prisioneros en el harén toda la vida. Muy pocas veces lograban escapar porque los centinelas del harén eran buenos vigilantes y no consentían fugas. Quizá por eso abundan tanto en los cuentos orientales los personajes convertidos en estatuas de piedra y que no pueden moverse hasta que alguien deshaga el encantamiento.

Material: Tiza.
Participantes: A partir de 6 jugadores.
Edad: A partir de 6 años.

En una plaza o lugar al aire libre, trazar en el suelo un círculo de tiza (de unos 4 m de diámetro). Se designa entre los participantes a un centinela y un héroe. Todos los demás son esclavos y entran en el círculo (el harén). El centinela los vigila para que el héroe no pueda liberar a ninguno, lo que ocurriría tan pronto como consiga tocarle cualquier parte del cuerpo.

Si el héroe consigue tocar con la mano a uno de los esclavos, éste se transforma en héroe. Pero todo héroe queda encerrado en el harén si el vigilante le toca a él. El último esclavo que quede en el harén será el centinela de la ronda siguiente. Pero si el centinela consigue encerrar a todos los héroes y hacerlos esclavos, se proclamará «centinela del día», con la posibilidad de nombrar héroe y vigilante la próxima vez.

En el desierto

Una ancha franja desértica recorre los países del espacio cultural oriental. En la región más occidental está el Sahara, que es el desierto más grande del mundo (y desierto por antonomasia, ya que eso es lo que significa *sahara* en árabe). A izquierda y derecha del Nilo, el desierto libio y el nubio. Al este de Egipto, la península arábiga. Además de otros muchos desiertos menores de distintos países, tenemos en la parte meridional de Arabia Saudí el gran desierto arábigo llamado Rub' al-Jali, «el cuarto vacío», porque allí las condiciones de vida son efectivamente muy difíciles tanto para los animales como para los humanos que intentan cruzarlo.

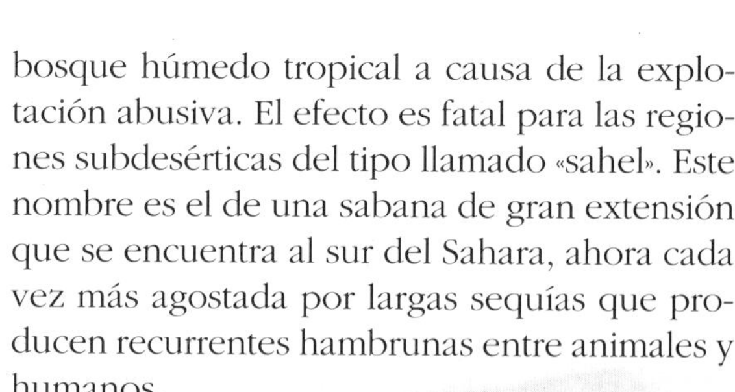

Estos desiertos son del tipo árido, con precipitaciones anuales inferiores a los 150 litros por kilómetro cuadrado. En la mayoría de los desiertos secos incluso llueve mucho menos de lo que expresa esa cifra. Hay en el Sahara grandes extensiones que no ven llover en años o decenios. Los vientos alisios se llevan las nubes, y así como durante el día el calor solar eleva la temperatura de la atmósfera hasta los 50 °C y la del suelo hasta cerca de los 80 °C, en cambio las noches son muy frías porque la ausencia del manto protector de nubes facilita la rápida disipación del calor. Los dibujos rupestres que se han descubierto en el Sahara, así como los fósiles de otros desiertos, indican que muchos de ellos fueron en otro tiempo regiones fértiles. La ciencia ha establecido que el Sahara empezó a secarse lentamente después de la última glaciación, es decir, hará unos 10.000 años. En la actualidad, el desierto crece de manera incontenible, en parte por la desaparición del bosque húmedo tropical a causa de la explotación abusiva. El efecto es fatal para las regiones subdesérticas del tipo llamado «sahel». Este nombre es el de una sabana de gran extensión que se encuentra al sur del Sahara, ahora cada vez más agostada por largas sequías que producen recurrentes hambrunas entre animales y humanos.

No es que la vida se halle completamente ausente, sin embargo. Sobreviven algunas especies de plantas capaces de subsistir con pequeñísimas cantidades de agua. A menudo les basta el rocío nocturno. Las hojas se reducen al

mínimo para limitar la evaporación. Hay plantas que acumulan agua en sus tejidos carnosos y se rodean de espinas para no ser devoradas. Otras sobreviven por el procedimiento de evitar las épocas de mayor calor y sequedad: las semillas resisten largos años enterradas bajo la arena, y el día que cae un chubasco germinan, crecen rápidamente y echan semillas enseguida para superar la fase de sequía siguiente. Pero este tipo de vegetación apenas retiene el suelo, y por eso reinan en el desierto vientos fuertes que se arremolinan y que originan grandes tormentas de arena. El desierto está surcado de quebradas secas, llamadas *uadis*, que seguramente se originaron durante la última glaciación. Cuando llueve, se inundan con rapidez y corren por ellas arroyos de fango que pueden alcanzar varios metros de profundidad. Por eso es peligroso pernoctar en el fondo de estos uadis.

Los animales que viven en el desierto deben ser capaces de soportar el calor de la jornada. Para ello se entierran bajo la arena o se refugian en las cuevas. Hay varias especies de reptiles, como las lagartijas, y ofidios como la víbora cornuda o la cobra, así como algunos batracios, insectos, y arácnidos como la tarántula. Son temidas las langostas peregrinas, «los dientes del desierto» como las llama el Corán. Estos insectos tienen periódicas explosiones de población y forman grandes enjambres capaces de devorar hasta 20.000 toneladas de cereal en un solo día. En el Sahara vive un escorpión cuya picadura venenosa puede matar a una persona, aunque sólo ataca cuando se ve acosado. Muchos animales del desierto pueden sobrevivir largo tiempo sin agua. Las gacelas y los antílopes del Sahara lamen el rocío de las plantas. Muchas especies de antílopes han sido demasiado perseguidas por los caza-

dores, de modo que ahora es difícil verlos, y lo mismo ocurre con otras especies de grandes mamíferos, como el león. Hoy día sólo quedan leones en los desiertos sudafricanos. Los del Sahara se extinguieron y sólo quedan los zorros del desierto, los chacales y los erizos, sin olvidar el diminuto ratón del desierto. Entre las aves figuran el halcón y algunas gallináceas.

Y también hay humanos en el desierto, pero no tienen asentamientos fijos, ya que la sequedad imposibilita los cultivos de plantas alimenticias. Por ello van trashumantes de un lugar a otro y sólo se quedan mientras la comarca ofrece posibilidad de supervivencia a los ganados. La vida nómada es muy dura. El animal doméstico es la cabra, capaz de aprovechar hasta las plantas más resecas de lugares difícilmente accesibles.

Los nómadas árabes se llaman beduinos, que significa «habitantes del desierto». Viven en tribus de 50 a 100 individuos, cuyo caudillo es el jeque o *sheij*, lo que significa «el anciano de la tribu», aunque sea una dignidad hereditaria. Los beduinos del Sahara pasan pocos días en un mismo lugar, lo que implica la necesidad de llevar enseres ligeros. Por eso viven en campamentos cuyas tiendas se tejen con pelo de cabra que da sombra, pero que también puede resistir un súbito chaparrón. Además de las tribus de beduinos, también se hallan en el Sahara los bereberes, de origen desconocido. Se dice que 8.000 años antes de nuestra era pasaron algunos pobladores de Sicilia al norte de África, para confundirse luego con los árabes y con otros pueblos procedentes del sur. En Marruecos hay muchas tribus bereberes, algunas nómadas y otras sedentarias, dedicadas a la agricultura. La más célebre es la de los tuareg, de procedencia totalmente desconocida, ya que son distintos de los demás bereberes. Tienen un sistema de escritura propio y una organización social de tipo feudal, en donde llama la atención el hecho de que la aristocracia tiene la piel de un color notablemente más claro.

La movilidad era lo que aseguraba la supervivencia de los nómadas, que podían evitar así las regiones afligidas por largas sequías y buscar los mercados más convenientes para sus productos. Esta movilidad siempre ha resultado molesta para las autoridades de los diversos países que se reparten los desiertos. Todavía hoy los nómadas saben sustraerse a los censos y demás medidas de control fiscal, político y administrativo. Por eso los estados procuran limitarles la movilidad y obligarlos a adoptar la vida sedentaria. A su vez esto destruye el equilibrio natural de los rebaños, porque los nómadas, cuando disponen de más riqueza, no compran artículos industriales de consumo, sino que incrementan el número de cabezas de su propiedad, que es lo que da prestigio entre ellos. Alrededor de las estaciones de bombeo no crece ni una brizna de hierba, y cuando hay una gran sequía y se secan las fuentes, esas poblaciones, privadas de su movilidad tradicional, sufren las catastróficas consecuencias.

«En la tienda de pelo de cabra
los sueños eran libres,
porque podían entrar
y salir por los resquicios.»
Salim Alafenisch

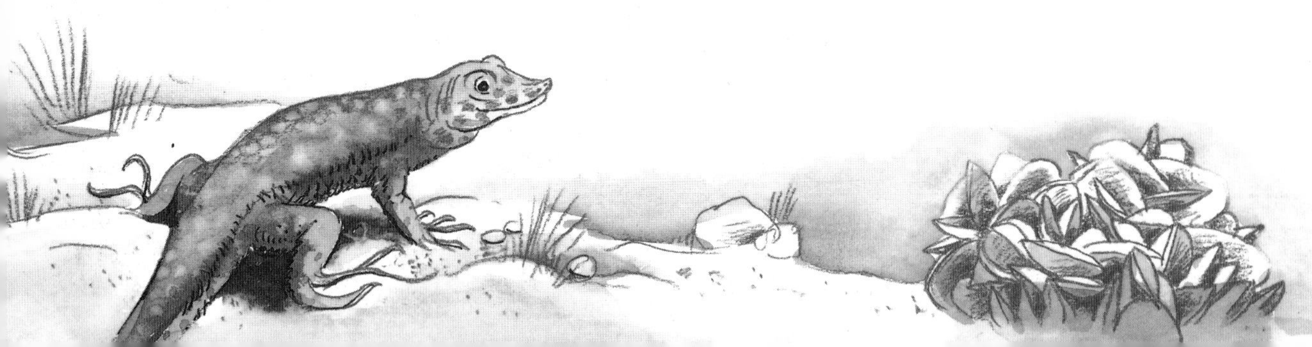

La rosa de Jericó

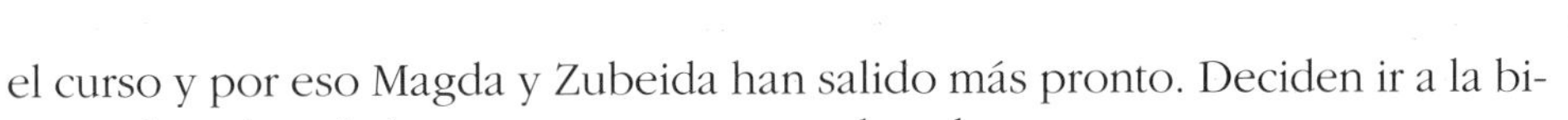

Hoy termina el curso y por eso Magda y Zubeida han salido más pronto. Deciden ir a la biblioteca y sacarse la tarjeta de lectoras tantas veces aplazada.

Después de hurgar un rato entre los libros, las muchachas descubren una casete de cuentos que tratan de una princesa del desierto. Lo piden en préstamo y corren a casa de Magda para escucharlo en seguida.

Cuando empieza el relato, las niñas se llevan una gran sorpresa. Al principio se presenta a sí mismo el autor señor Hadschi Musa Ben Tarik diciendo ser beduino y que esos cuentos son de su país, de donde él los ha traído directamente. Son extrañas las palabras del narrador, como también lo son las «erres» arrastradas de su pronunciación. El señor Hadschi Musa Ben Tarik habla de la vida de los beduinos y de su costumbre de pasar las veladas contando historias a la vera del fuego. En el cuento de la princesa del desierto, la vida y costumbres de aquellas gentes cobran vida para Magda y Zubeida. La voz del narrador inspira una peculiar tranquilidad. La fantasía arrastra a las oyentes y poco falta para que se vean delante de una tienda del desierto, sentadas alrededor de la fogata... Cuando el cuento termina, Magda y Zubeida se disfrazan con velos y prendas holgadas, y se sienten princesas del desierto para el resto de la tarde. Han sacado mantas del armario para construir una tienda de beduinos en medio de la habitación, y han amontonado almohadones para subirse en ellos e imaginar que son camellos con los que recorren el desierto.

Durante las semanas siguientes, recuperan a menudo la casete para que «su» narrador las transporte de nuevo. Una y otra vez juegan a ser princesas.

Casualmente resulta que unos amigos de los padres de Magda conocen personalmente al cuentista y que éste vive en el mismo barrio que Magda y Zubeida. Cuando se entera del entusiasmo de sus dos admiradoras, las invita a visitarlo, acompañadas por la madre de Magda.

Ellas, muy emocionadas, se preguntan cómo será la casa del beduino. Lo imaginan dándoles la bienvenida envuelto en su túnica blanca. En su fantasía están otra vez sentadas alrededor de la hoguera y escuchando la voz, ya familiar para ellas.

De ahí la gran sorpresa de las criaturas cuando, después de tocar el timbre, se abre la puerta y aparece un hombre vestido normalmente de pantalón largo, camiseta de algodón y sandalias. Únicamente su voz les recuerda al narrador. Después de los saludos entran a la sala de estar, pasando por delante del cuarto de los niños, que tiene la puerta abierta. Es un cuarto de los niños normal, y toda la casa está puesta igual que todas las viviendas que ellas conocen. Lo único diferente, unas fotografías del desierto enmarcadas en la pared.

—Allí quedan mis padres y algunos de mis hermanos —explica el señor Hadschi Musa Ben Tarik, al ver que las niñas están observando los cuadros.

—Cuando visitáis a los abuelos del desierto, ¿vais montados en camellos? —preguntó Magda. El narrador de cuentos meneó la cabeza.

—No, ahora vamos en coche. En otros tiempos yo vivía con mis padres en el desierto y guardaba los camellos de nuestra tribu. Cuando me marché de casa para estudiar, ellos también dejaron el desierto. Hoy viven en un pueblo, lo mismo que muchas personas de nuestra tribu, en una casa como la tuya y la mía. Cierto que eso tiene muchas comodidades, por ejemplo, no te-

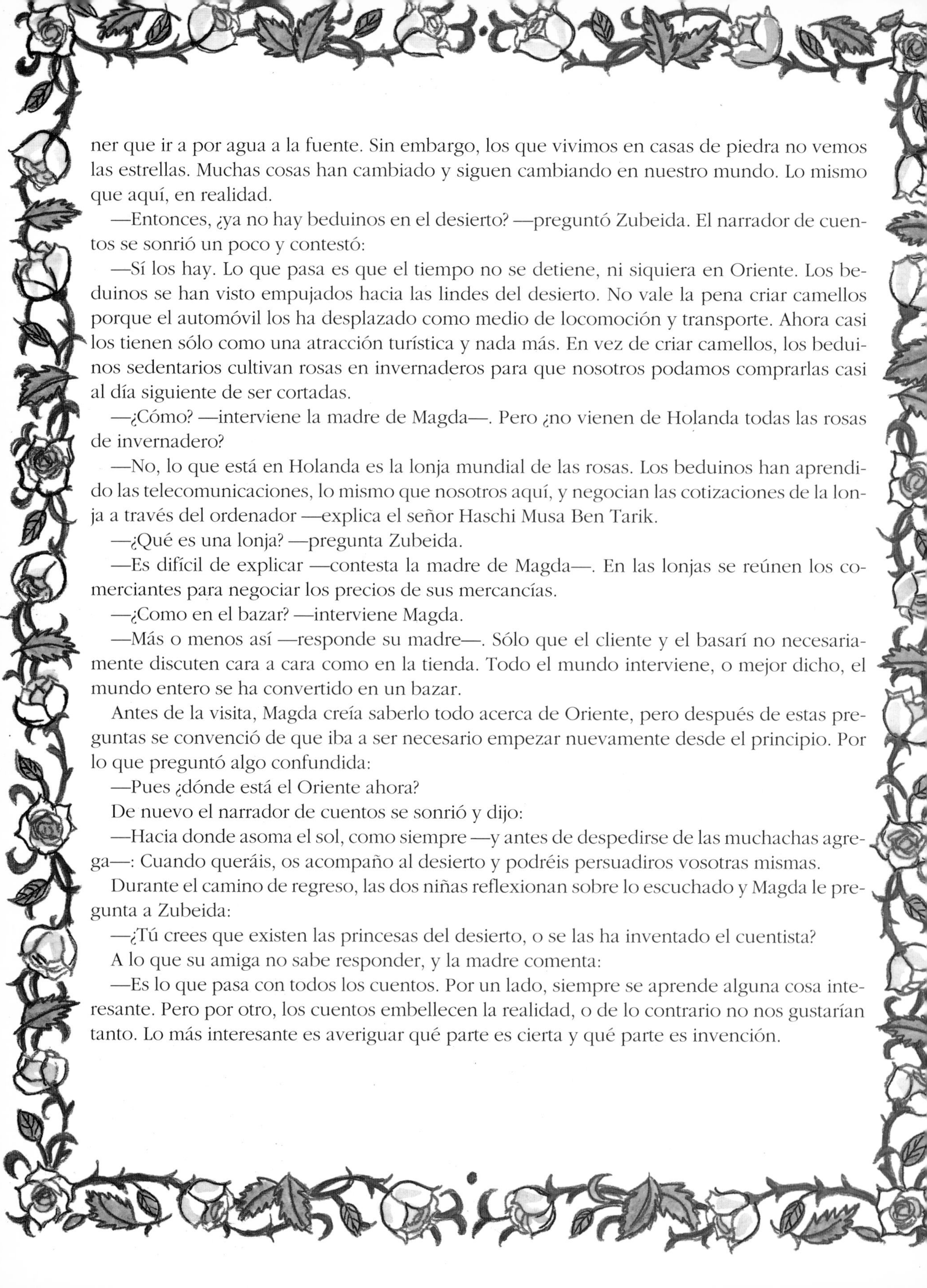

ner que ir a por agua a la fuente. Sin embargo, los que vivimos en casas de piedra no vemos las estrellas. Muchas cosas han cambiado y siguen cambiando en nuestro mundo. Lo mismo que aquí, en realidad.

—Entonces, ¿ya no hay beduinos en el desierto? —preguntó Zubeida. El narrador de cuentos se sonrió un poco y contestó:

—Sí los hay. Lo que pasa es que el tiempo no se detiene, ni siquiera en Oriente. Los beduinos se han visto empujados hacia las lindes del desierto. No vale la pena criar camellos porque el automóvil los ha desplazado como medio de locomoción y transporte. Ahora casi los tienen sólo como una atracción turística y nada más. En vez de criar camellos, los beduinos sedentarios cultivan rosas en invernaderos para que nosotros podamos comprarlas casi al día siguiente de ser cortadas.

—¿Cómo? —interviene la madre de Magda—. Pero ¿no vienen de Holanda todas las rosas de invernadero?

—No, lo que está en Holanda es la lonja mundial de las rosas. Los beduinos han aprendido las telecomunicaciones, lo mismo que nosotros aquí, y negocian las cotizaciones de la lonja a través del ordenador —explica el señor Haschi Musa Ben Tarik.

—¿Qué es una lonja? —pregunta Zubeida.

—Es difícil de explicar —contesta la madre de Magda—. En las lonjas se reúnen los comerciantes para negociar los precios de sus mercancías.

—¿Como en el bazar? —interviene Magda.

—Más o menos así —responde su madre—. Sólo que el cliente y el basarí no necesariamente discuten cara a cara como en la tienda. Todo el mundo interviene, o mejor dicho, el mundo entero se ha convertido en un bazar.

Antes de la visita, Magda creía saberlo todo acerca de Oriente, pero después de estas preguntas se convenció de que iba a ser necesario empezar nuevamente desde el principio. Por lo que preguntó algo confundida:

—Pues ¿dónde está el Oriente ahora?

De nuevo el narrador de cuentos se sonrió y dijo:

—Hacia donde asoma el sol, como siempre —y antes de despedirse de las muchachas agrega—: Cuando queráis, os acompaño al desierto y podréis persuadiros vosotras mismas.

Durante el camino de regreso, las dos niñas reflexionan sobre lo escuchado y Magda le pregunta a Zubeida:

—¿Tú crees que existen las princesas del desierto, o se las ha inventado el cuentista?

A lo que su amiga no sabe responder, y la madre comenta:

—Es lo que pasa con todos los cuentos. Por un lado, siempre se aprende alguna cosa interesante. Pero por otro, los cuentos embellecen la realidad, o de lo contrario no nos gustarían tanto. Lo más interesante es averiguar qué parte es cierta y qué parte es invención.

Juegos en la arena

PAISAJE DEL DESIERTO

Los geólogos distinguen varios tipos de desierto árido según la constitución del suelo. El Sahara, por ejemplo, contiene extensiones de guijarros o cantos rodados y desiertos rocosos, o de piedra. El desierto de arena, o de dunas, sólo ocupa la quinta parte de la extensión total.

Material: Arena de diversos gruesos, guijarros, tapadera de caja de zapatos grande, palillos, escobillas de limpiar pipas, fotografías de paisajes del desierto para servir de modelo.
Edad: A partir de 4 años.

Tomando inspiración en los paisajes retratados, componemos dentro de la tapa de cartón un desierto en miniatura con sus dunas.

Doblamos unas escobillas de color pardo para que representen los camellos: con una de ellas damos forma a la cabeza y las jorobas, con la otra a las patas.

Si queremos colocar un pequeño oasis, haremos palmeras con otras escobillas: las de color pardo sirven para los troncos y las verdes para las ramas de las palmeras.

COLOREAR LA ARENA

Según su origen, las arenas tienen diferente grano y coloración, y también varía el color de las dunas según la luz que reciben. Cuando el sol se pone las tiñe de distintos matices de rojo y púrpura.

Material: Distintos tipos de arena (de las playas, de construcción, de aviarios), varios botes de plástico, pigmentos para batik, agua, guantes de plástico, bandejas para horno.
Edad: A partir de 4 años.

Para disolver los pigmentos se empleará la mitad de la cantidad de agua que indica el prospecto del fabricante. Añadir arena hasta que deje de verse líquido. Se deja luego media hora en reposo. A continuación repartimos la arena en bandejas y las ponemos a secar en el horno a temperatura baja y dejando la puerta abierta. Con la arena de colores pintaremos figuras en las bandejas. Mediante mezclas pueden conseguirse coloraciones intermedias.

ESPEJISMO

En el desierto, el calor produce reflejos falsos que sugieren al viajero la cercanía de un oasis. Este fenómeno se llama espejismo, *y se debe a la refracción de la luz en la capa de aire más próxima al suelo, que es la más caliente.*

Material: Cartulina forrada para dibujo, cola adhesiva, arenas de colores.
Edad: Cualquiera.

Se fabrica fácilmente. Con la cola de impacto se «pinta» en la cartulina un oasis, una caravana, un manantial o cualquier otro motivo por el estilo.

Al principio el «espejismo» es invisible, pero se revela al espolvorear la cartulina con arena. Si se quiere que el paisaje acabado tenga varios colores, habrá que pintar por fases, completando cada vez el color correspondiente.

Nota: Si el paisaje ha de ser grande y con muchos colores, mejor dibujarlo completo a lápiz para aplicar después las sucesivas fases de cola y arena pigmentada.

COLUMNAS DE ARENA

Material: Arenas de diferentes colores, arena natural, tarros de vidrio, un embudo pequeño, una cuchara.
Edad: Cualquiera.

Formar capas de arena de distintos colores en un tarro alto. El efecto es mejor cuando se alternan las de arena coloreada con las de arena natural. Cada vez que se haya echado una capa, golpearemos ligeramente con el tarro sobre el tablero de la mesa, para asentar la arena. Con una aguja de hacer punto podemos trazar motivos en el borde del cristal.

BORRAR LAS HUELLAS

Los beduinos saben interpretar las huellas que deja en la arena el paso de los humanos y los animales. Hay un cuento oriental que describe los celos de la esposa principal de un jeque, el cual abandonaba de noche su tienda para visitar a otra mujer. Todas las noches la esposa barría el suelo alrededor de la tienda, para averiguar por las pisadas adónde iba su marido. Pero el jeque entendió la finalidad del truco y le encargó al sastre una túnica tan larga que arrastraba por el suelo. Y así iba barriendo por donde caminaba, y borraba sus propias huellas.

Material: Escoba de paja.
Lugar: Cualquier superficie grande de arena al aire libre.
Participantes: A partir de 6.
Edad: A partir de 5 años.

Para jugar, los participantes forman dos grupos. Uno de ellos se coloca en el centro de la cancha, provisto de la escoba.

La persona que dirige el juego barre alrededor del grupo para borrar todas las huellas. El otro grupo se mantiene a cierta distancia, todos vueltos de espaldas.

A una señal del director, el grupo que estaba en el centro se coloca al margen formando una fila, tras seguir un recorrido arbitrario. El último en salir barrerá enérgicamente el suelo con la escoba y, cuando todos estén colocados, a una señal del director, los del otro grupo se volverán para tratar de adivinar por dónde han salido. Si aciertan, los grupos intercambian roles y se juega otra manga. En caso contrario, se repite con el mismo reparto.

DUFNAH

Se trata de un juego procedente de Arabia Saudí, y su nombre significa «entierro» en árabe.

Material: Un objeto pequeño (una canica, una moneda), guijarros.
Edad: A partir de 4 años.

En un montón de arena de unos 10 cm de alto se esconde un objeto pequeño. Los jugadores se colocan a una distancia determinada y arrojan piedras apuntando al montón. El que consigue destapar el «tesoro» escondido se lo queda.

Variante

Material: Figuras coleccionables o pegatinas.
Edad: A partir de 4 años.

En vez de enterrar el tesoro debajo de la arena, colocarlo sobre el montón. Gana el que consiga golpear el objeto.

TAB

Los niños de los nómadas no guardan juguetes porque los nómadas no llevan cargas inútiles cuando caminan de un lado a otro. Por eso juegan con lo que se encuentran en el desierto. El tablero de juego se traza en la arena, los dados son ramas partidas y las fichas piedrecillas y conchas de caracol.

Material: 4 palos redondos partidos, 7 piedras y 7 conchas.
Lugar: En la arena, al aire libre.
Jugadores: Dos.
Edad: A partir de 6 años.

Preparación:

Dos trozos de rama se cortan longitudinalmente por la mitad. Estas maderas serán los dados, y la tirada depende de si cae del lado liso (corte) o del redondo. Los valores son los siguientes:

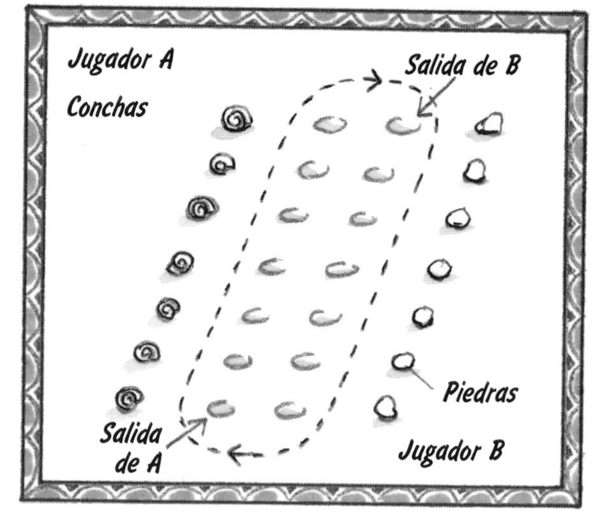

4 palos con el lado liso hacia abajo = 6 puntos

4 palos con el lado redondo hacia abajo = 4 puntos

3 palos con el lado redondo hacia abajo = 3 puntos

2 palos con el lado redondo hacia abajo = 2 puntos

3 palos con el lado liso hacia abajo = *Tab*, 1 punto

Los dos jugadores se sientan uno frente al otro y alisan la arena para preparar el terreno de juego.

Consta de cuatro líneas transversales paralelas, de unos 40 cm de largo, trazadas en la arena y separadas unos 10 cm unas de otras. Con el pulgar hacemos siete hoyos en cada una de las líneas.

Cada jugador deposita en la línea que tiene más cerca sus siete piezas (piedras o conchas).

Para el juego, las piezas se mueven de la línea inicial al primer hoyo de la línea interior, y circulan en el sentido de las agujas del reloj por las dos líneas interiores.

Mueve ficha el primero que saca un *tab* (3 palos con el lado liso hacia abajo). Cada vez que sale tab, la pieza avanza un hoyo y el jugador repite tirada (hasta un máximo de tres). Si uno de los jugadores alcanza con el número de puntos de su tirada un hoyo ocupado por una o varias piezas del contrario, éstas se retiran del juego, y gana el primero que consigue eliminar todas las piezas del otro jugador.

El ganador de la ronda se apunta una raya en la arena.

EL JUEGO DEL OASIS

Los oasis son islas de vida para los animales y los humanos en el desierto. Ocurren donde hay manantiales. Entonces pueden crecer las plantas, beber los animales y los humanos, y desarrollarse la cultura.

Lugar: Al aire libre, mejor donde haya arena.
Participantes: A partir de 7.
Edad: A partir de 4 años.

Con un palo, o con el pie, dibujamos círculos en la arena bastante alejados los unos de los otros, que representarán los oasis. Éstos deben ser tantos como el número de niños dividido por 3 (ejemplo: 9 niños = 3 oasis). En caso de que no sea divisible, uno o dos niños no participarán, sino que desempeñarán funciones de director del juego.

Cada grupo de tres niños es una caravana; para ello se pondrán en fila india, con las manos sobre los hombros. A una señal del director del juego, empezarán a recorrer el desierto. A la voz de «¡pozo!», dos niños de una caravana forman con los brazos el brocal del supuesto pozo y el tercero finge que saca agua. A la voz de «¡noche!», dos niños hacen una tienda de campaña y el tercero se tumba a dormir. Al grito de «¡espejismo!», todos representarán con la mímica que están viendo una cosa inexistente; por ejemplo, hacer gestos con los brazos como si nadasen. Cuando el director del juego diga «¡oasis!», los niños se separan y corren hacia el oasis más próximo, donde se inmovilizan convertidos en palmeras. En cada oasis sólo pueden quedar tres niños y que no sean de la misma caravana. Los directores del juego también saltan al interior de un oasis. El que se queda fuera pierde y hará de director durante la ronda siguiente.

LA ROSA DE JERICÓ

En el desierto algunas plantas son capaces de sobrevivir a la sequía durante años. El día que se produce un chubasco muchas plantas abren sus flores. En las ferias medievales se ofrece a la venta la «rosa de Jericó». Es una planta de los desiertos de Israel y Jordania, y se dice que la trajeron a Europa los cruzados por sus propiedades medicinales. Su nombre árabe es Il Fatma bint el-Nebi, *«la Fátima del desierto». Puede guardarse muchos años en una cajita, pero cuando se riega con un poco de agua, esa bola reseca de color pardo se despliega en cuestión de horas y se convierte en una planta verde.*

Material: Pañuelos de tul.
Edad: A partir de 4 años.

Cada niño arruga un pañuelo y se lo mete en el puño dejando asomar sólo un botón, como la yema de una flor que todavía no se ha abierto. Tumbados en el suelo, se enroscan sobre sí mismos como queriendo hacerse invisibles, con las manos sobre el ombligo. El director del juego relata el viaje fantástico siguiente:

Imaginaos que sois una planta que duerme hundida en la arena del desierto. Notáis el calor de la arena que os envuelve y que recibe durante el día los rayos del sol. Dormís acumulando fuerzas. Respiráis tranquilamente, poco a poco, y vuestras fuerzas se concentran en la planta que va a germinar. Quietos, callados, en espera de la ansiada lluvia.

De repente, unos nubarrones cargados de lluvia cubren el cielo y cae sobre el desierto un gran diluvio. La arena caliente se humedece a vuestro alrededor. El agua os transmite fuerza para levantaros.

Las manos encierran todavía la flor sin abrir. Os sentáis en el suelo con las piernas cruzadas y contempláis vuestras manos juntas. Ha pasado el chubasco y lucen de nuevo las estrellas. Poco a poco abrís las manos y la flor despliega sus pétalos hacia la luz del sol.

La vida en el desierto

Los hijos del desierto viven al aire libre. Las dunas son sus canchas de juego, y sus mascotas son las cabras, las gallinas y los camellos. Su casa es una tienda y ellos nunca se apartan demasiado de sus padres. Sus programas infantiles son los relatos de los ancianos a la vera del fuego. La vida es severa en el desierto y las comidas muy sencillas. Cuando no queda pasto para los ganados, la tribu se traslada a otra parte. Los hijos de los nómadas aprenden día tras día lo que hace falta para sobrevivir: buscar agua, guarecerse del sol, cuidar los rebaños. Pero también hay celebraciones familiares y fiestas religiosas en la vida de las tribus. Entonces matan un cabrito y todos comen y beben, interpretan música y bailan. Organizan concursos de monta de camellos y, a veces, también de caballos. Los niños del desierto también van a la escuela, y aprenden idiomas, aunque vivan bajo condiciones muy extremas en un mundo muy diferente al de las grandes ciudades de los países industrializados. Todo es más simple y los peligros no se le ocultan a nadie.

INDUMENTARIA DEL BEDUINO

Está adaptada a las condiciones del desierto. Consiste en prendas largas y holgadas, que protegen contra la insolación y dejan pasar el aire que refresca el cuerpo. También llevan cubierta la cabeza para defenderse del sol, y se tapan la boca para no tragar la arena que levanta el viento. Cuando se hace de noche y bajan las temperaturas, es preciso que esas mismas prendas abriguen. Los hombres llevan pantalones holgados, camisa de lino y un manto de algodón contra el frío. Se envuelven la cabeza con un turbante. Las mujeres llevan vestidos largos y flotantes, y usan velo. Casi todos calzan sandalias.

Propuesta para un disfraz

Material: Viejas camisas blancas de hombre, mantas de lana, sandalias.
Edad: A partir de 4 años.

Para disfrazarse sirven unas camisas masculinas y pantalones de pijama. La manta de lana reemplazará el manto de los beduinos, abrochándola sobre el pecho con un imperdible. El calzado consistirá en sandalias.

EL CAFTÁN

Su nombre proviene del árabe-egipcio quftan, *y es un camisón largo hasta los pies. Lo usan los hombres en todas las partes del mundo árabe.*

Material: Sábanas viejas.
Edad: A partir de 4 años (con ayuda).

Los niños se toman las medidas de talla desde el hombro hasta el talón, anchura de hombros y longitud del brazo. Tanto el delantero como la espalda tienen el mismo corte, por lo que bastará doblar la pieza de tela para obtenerlos simultáneamente.

Se dará a las mangas un ancho de 30 cm. Cortar las piezas con arreglo al dibujo y que una persona adulta las cosa a máquina. En ambos costados se dejan aberturas hasta la cadera, y lo mismo en las mangas hasta cerca del codo. Para poder pasar la cabeza, recortaremos en el delantero un pequeño escote.

TÚNICA

Material: Sábanas viejas.
Edad: A partir de 4 años.

Las mujeres llevan el caftán con tres aberturas. La confección se realiza como la anteriormente descrita, dando además un corte vertical en la pieza trasera. Debajo de la túnica, las mujeres llevan pantalón bombacho.

EL TOCADO BEDUINO

Es el característico hatta *con que se cubren los hombres en muchas regiones árabes y persas de Oriente. Presenta numerosas variaciones locales, pero en esencia consiste en un pañuelo que se fija con el* agal, *un doble cordón de fieltro que ciñe la frente. Los picos del pañuelo pueden usarse para tapar la cara, a fin de protegerse contra la arena y el frío.*

Material: Un retal de algodón de 80 × 100 cm aproximadamente (funda de almohada por ejemplo), un cordón grueso.
Edad: A partir de 4 años.

Lo más indicado para confeccionarlo es una funda vieja de almohada. La descosemos y la sujetamos sobre la cabeza con un cordón grueso ciñendo la cabeza. Los extremos del cordón se dejan colgando hacia la nuca.

Variante

Material: Pañuelo de cabeza, chal de seda o similar.
Edad: A partir de 4 años.

Las mujeres llevan un pañuelo en la cabeza a juego con el color del resto de la indumentaria. Muchas veces lo enrollan alrededor de la cabeza y lo sujetan con un chal estrecho de seda, atado como ceñidor y con los extremos colgando sueltos.

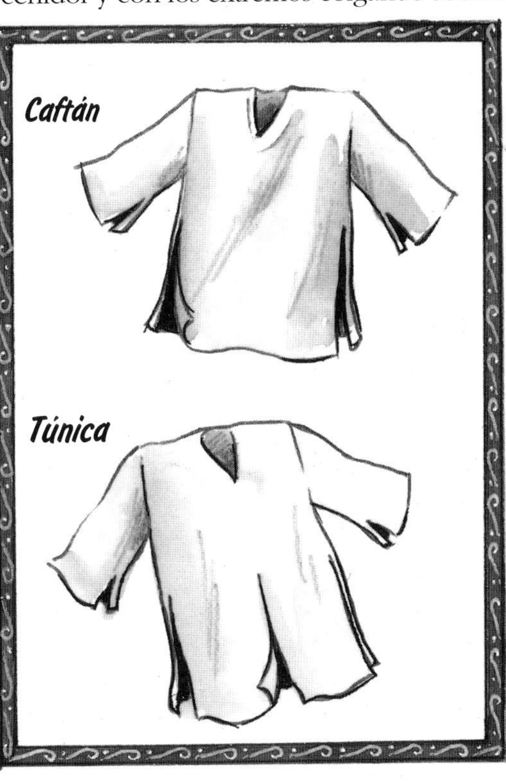

EL PUÑAL BEDUINO

En tiempos pasados, los desafíos y los asaltos eran habituales, y los hombres llevaban armas para defenderse. Hoy todavía usan el puñal para sacrificar a los animales y como adorno ceremonial. Las hojas se hacen de acero y los mangos de asta o madera, ornamentados con incrustaciones de latón o plata. En los mercados del Magreb se suele ofrecer la daga curva o «gumía» (del árabe comí, *valiente), pero los compradores más entusiastas son los turistas que buscan un recuerdo típico.*

Material: Tablero de contrachapado (medidas: 10 × 40 cm), lápiz, tornillo de banco, sierra de marquetería, lima, papel de lija basto y fino, acuarelas, purpurina (oro).
Edad: A partir de 8 años.

Dibujamos el puñal sobre el tablero de acuerdo con la muestra de abajo. Fijamos el tablero en un banco de trabajo y recortamos la silueta del puñal con la sierra de marquetería. Quitamos las imperfecciones con la lima y finalmente pulimos la madera con los papeles de lija de diversos granos, hasta dejarla bien lisa. Finalmente pintamos el puñal. Se lleva al cinto, en una faja que consiste en un chal enrollado.

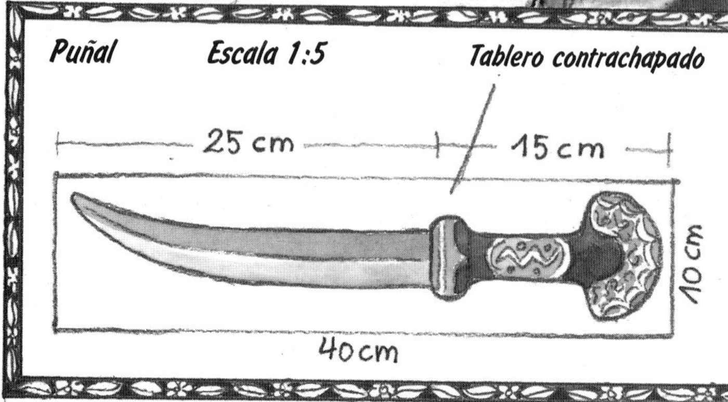

Variante

Material: Cartón fuerte, lápiz, tijeras, acuarelas, pincel.
Edad: A partir de 4 años.

Calcar la silueta del puñal sobre un cartón fuerte, recortarla y decorar.

LA TIENDA DEL BEDUINO

Como todos los pueblos nómadas, los beduinos viven en tiendas. Éstas suelen ser de tejido de pelo de cabra, aunque algunas tribus usan pieles de cabra cosidas unas con otras, hasta unas treinta. Es necesario que resulten fáciles de montar y desmontar, ya que los campamentos nunca son permanentes. Por la misma razón, tampoco se arman unas tiendas demasiado grandes. Las personas adultas circulan medio agacha-

das bajo esta especie de toldos, que se sostienen mediante sogas y palos clavados en tierra, más altos en la mitad y más pequeños hacia los lados. Los lados y la cubierta posterior pueden levantarse para que pase el aire. Al igual que en las casas orientales, la tienda se divide en dos recintos, uno para los hombres y otro para las mujeres. En el espacio reservado a los hombres se recibe a las visitas. Entre los beduinos la hospitalidad es un deber sagrado. Todo viajero del desierto, aunque sea forastero, tiene derecho a solicitar alimento y cobijo para pasar la noche. Algunas tribus bereberes tienen una especie de catres para dormir, pero es más común tenderse directamente sobre la arena. No hay más mobiliario que unas alfombras y almohadones. Los nómadas no tienen armarios, sino que guardan sus pertenencias en bolsas y envoltorios de tela o alforjas de cuero, que se cuelgan en el interior de la tienda. Delante de ésta encienden la fogata.

Material: Azada, 2 barras largas y 4 más cortas, estacas, lonas (o mantas, o piezas de tela), imperdibles, alfombras de sisal o similar, almohadones.
Edad: A partir de 5 años (con ayuda).

Clavar las barras largas en el suelo a unos 2 m de distancia la una de la otra; unir los extremos con una soga, y estabilizar las barras con sogas y estacas. A izquierda y derecha de cada barra larga se clavan las barras cortas en el suelo a una distancia de 1 m, de manera que las cuatro barras cortas formen un rectángulo alrededor de las dos barras verticales. Unimos el extremo de cada barra larga con sus dos barras cortas y estabilizamos éstas a su vez atándolas a una estaca. Sobre todo esto, echamos el toldo formado por las lonas o mantas, cosidas con los imperdibles. Para la decoración interior sirven algunas alfombras y almohadones.

DANZA DE LOS BEDUINOS

Toda celebración en el desierto incluye un baile. En esta danza la mímica simula diversas actividades de la vida cotidiana, como «amasar el pan» o «cocinar la papilla». La sugerencia proviene de una danza originaria de los desiertos de Arabia Saudí.

Edad: A partir de 4 años.
Música: Sirve la de la canción «Simsim», de la página 25.
Comienzo: Los niños sentados en el suelo formando corro.

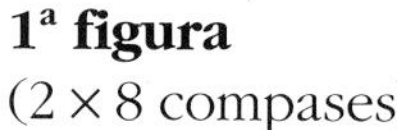

1ª figura
(2 × 8 compases): A modo de saludo inicial, los niños tienden los brazos hacia delante, a la altura de los hombros y con las palmas de las manos hacia el centro del círculo. Agitan rápidamente las manos.

2ª figura
(2 × 8 compases): Al compás de la música, mueven las manos como si estuvieran amasando unas tortas, es decir, girando una mano con la palma vuelta hacia abajo sobre la otra con la palma vuelta hacia arriba.

3ª figura
(2 × 8 compases): Aquí la mímica simula que se está moliendo algo en un mortero: una mano con la palma hacia arriba en forma de cuenco, la otra cerrada y moviéndose en círculo.

4ª figura
(2 × 8 compases): La mano izquierda abierta con la palma hacia arriba como si estuviera sosteniendo una olla, la otra dando vueltas como si removiese la papilla con una cuchara.

5ª figura
(2 × 8 compases): Este último elemento sugiere las nociones de «dar y tomar». La mano derecha se aleja del pecho con la palma hacia delante, la izquierda se acerca simultáneamente al cuerpo, con la palma y las puntas de los dedos hacia arriba. Luego se invierte el movimiento, la mano derecha

acercándose y la izquierda que se aleja. Se necesita un poco de práctica para coordinar este movimiento.

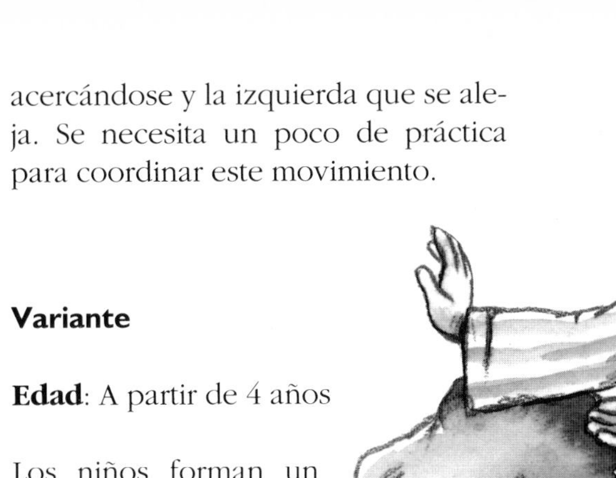

Variante

Edad: A partir de 4 años

Los niños forman un corro y echan a andar en círculo «al paso cambiado», es decir: pie derecho un paso adelante, juntar el pie izquierdo con el derecho, pie derecho paso adelante... En la vuelta siguiente, al revés: pie izquierdo paso adelante, juntar el pie derecho con el izquierdo, pie izquierdo paso adelante... Esta secuencia es el primer paso de danza que todos los niños a partir de 4 años pueden dominar. Cuando lo hayan aprendido bien, podrán acelerar las vueltas. Al mismo tiempo las manos van realizando las simulaciones descritas anteriormente.

LA INDUMENTARIA DE LOS TUAREG

Según algunos historiadores, los tuareg son descendientes de unos cruzados que erraron el camino. Otros creen que provienen de los garamantas, unos antiguos pobladores del Sahara. Tienen una sociedad dividida en aristócratas y plebeyos. Los primeros, al igual que la nobleza de la Edad Media europea, tenían la guerra por ocupación principal. Eran los únicos autorizados a poseer camellos. Vivían a costa de las demás clases sociales. La gran mayoría del pueblo tuareg eran ulli kelli, *que quiere decir «cabreros», porque sólo les estaba permitido criar pequeños animales (aunque les tocaba guardar y cuidar los camellos de sus amos). Antiguamente pagaban, además, un tributo en forma de cereal, cabezas de ganado y pieles curtidas. Hoy día los ulli kelli se han enriquecido con el comercio y la antigua nobleza ha venido a menos. Los tuareg son bereberes, pero su indumentaria es diferente. Hombres y mujeres llevan prendas teñidas de añil, y por eso los llaman también «los jinetes azules del Sahara». Viven en sus tiendas del desierto llamadas* jaimas. *Los hombres se tapan la cara con el turbante, que envuelve toda la cabeza; en cambio las mujeres no llevan veló, sino únicamente pañuelo a la cabeza.*

Material: Retales de sábanas, y funda de almohada teñidas de azul (índigo).
Edad: A partir de 4 años (con ayuda).

Con el género de color azul confeccionaremos un caftán.

Descoser la funda de almohada, teñir y envolverse con ella la cabeza y la cara.

LOS SIGNOS DE LOS TUAREG

Material: Cartulina negra de fotógrafo, cola de impacto, arena coloreada.
Edad: Cualquiera.

Las tribus de los tuareg han conservado un sistema de escritura propio. Los signos pueden escribirse directamente en la arena, o aplicarlos con la cola sobre el cartón negro para espolvorearlos seguidamente con arena de colores. De este modo quedan permanentes.

Los jeroglíficos que significan «tienda» y «dromedario» son genuinos, pero los niños pueden inventar cuantos quieran.

RAZZIA

Con la conquista de España por creyentes islámicos en el siglo VIII *entraron algunos conceptos árabes en el vocabulario de los europeos. El término* razzia, *que hoy entendemos por redada policíaca, proviene del árabe* gaziya. *Para los beduinos era una incursión o correría sobre un territorio enemigo o contra una caravana forastera. No eran infrecuentes los enfrentamientos de los tuareg con otras tribus bereberes, y las rivalidades muchas veces se decidían con las armas en la mano. Para estos pueblos, además, las expediciones de saqueo eran una cuestión de honor, y se llevaban todas las posesiones de valor de las tribus atacadas, como los rebaños, la ropa, las joyas y las provisiones de alimentos.*

Material: Mantas y sogas para la tienda de campaña, pan redondo, queso y té.
Lugar: Un claro en el bosque.
Edad: A partir de 8 años.

Se juega en el bosque, en un claro lo bastante amplio. El primer grupo será el de los exploradores, que salen a reconocer el territorio a fin de encontrar un sitio adecuado para acampar. En su recorrido irán dejando los signos de los tuareg para que pueda seguirlos el resto de la tribu, que será el otro grupo. Los exploradores tendrán media hora de ventaja e irán provistos de mantas y cuerdas. La finalidad será levantar una tienda en donde les parezca mejor. Para abreviar, pueden tender las mantas a manera de toldo entre dos troncos.

El segundo grupo llevará las provisiones. Si consiguen seguir la pista de los exploradores y descubrir dónde han acampado, celebrarán el encuentro con una fiesta y merendarán juntos en la tienda.

LOS CAMELLOS

Para los habitantes del desierto, el camello es el más importante de los animales que ellos crían. El camello de dos jorobas o bactriano es propio de los desiertos del Asia central, mientras que el de una sola joroba, llamado más propiamente dromedario, es el de nuestro Oriente. Los camellos son muy frugales y pueden resistir tres semanas sin beber. Durante ese tiempo van consumiendo las reservas de grasa de la joroba. Cuando alcanzan el oasis son capaces de acumular en el estómago más de 100 litros de agua. El camello sirve para montar y también a modo de acémila. Durante siglos, grandes caravanas de camellos cargados de mercancías preciosas recorrieron las largas rutas desérticas, como la transahariana, que recorre, de oasis en oasis, 4.000 kilómetros del desierto más grande de todos. Pero hoy el camello ha quedado casi completamente reemplazado por los automóviles.

Los habitantes del desierto aprovechaban además su carne y la leche de las camellas. Los esquilaban para confeccionar prendas de abrigo. Incluso las boñigas se aprovechaban, ya que una vez secas servían para alimentar el fuego. Las cabelleras de las hermosas mujeres del desierto relucían más cuando las lavaban con orina de camello. No es de extrañar, por tanto, que la lengua árabe conozca una gran variedad de palabras relacionadas con el camello; así, tiene un nombre propio el camello de carreras, el de carga, el joven recién destetado, el indómito, el dócil, el semental, el que muerde, el agotado por exceso de trabajo, el de pura raza, el amaestrado... y muchos más. Pues toda la vida de los habitantes del desierto giraba en torno al camello.

UN CIELO ESTRELLADO

En la noche del desierto los humanos creen hallarse más cerca de las estrellas. El cielo estrellado representa para los musulmanes la inmensa grandeza de la Creación, lo mismo que para los cristianos. Con este viaje fantástico culmina la atención que hemos dedicado al mundo de Oriente.

Material: Una manta para cada niño.
Edad: A partir de 4 años.

Imaginaos que es de noche en el desierto. Estáis envueltos en vuestras mantas, con los ojos cerrados. Notáis el calor de la fogata. Al fondo, se oye el rumor de las voces de los viejos que cuentan las antiguas leyendas, el balido de una cabra que calla enseguida. Mentalmente, alzáis la mirada al cielo. La noche es clara. Las estrellas que lucen en el cielo parecen mucho más cercanas aquí. No se ve nada más, ni casas, ni calles con sus lámparas, sólo el dosel infinito del cielo que se extiende sobre vosotros como una gran carpa. Contentos, os volvéis sobre la blanda arena del desierto. Mentalmente contempláis las estrellas una a una. Cada una de ellas tiene su carrera y una historia de su propio origen. Lo mismo que nosotros los humanos. En cualquier lugar donde nos hallemos, el cielo está sobre nosotros y nos hermana a todos. Al contemplar el dosel inmenso del cielo, comprobamos lo pequeño que es nuestro mundo. Algunas personas creen que cada uno de nosotros tiene su propia estrella. Y si veis que cae una estrella fugaz, podéis formular un deseo, de acuerdo con una vieja creencia. A lo mejor ese deseo se realiza. Os quedáis un rato más arrebujados en vuestra manta y os despedís del desierto. Poco a poco, abrís los ojos y miráis la habitación alrededor. Os estiráis, os levantáis lentamente y sacudís con fuerza brazos y piernas.

Assalamu 'alaikum

Sugerencias de proyectos

Este libro, al incluir abundante información sobre Oriente y el mundo islámico y numerosas actividades, desea interesar a los lectores de una manera general, para que puedan vivir con todos los sentidos las diversas ofertas culturales a nuestro alcance. Se trata sobre todo de despertar el interés y el placer de la actividad realizada por propia iniciativa. El libro destaca en primer lugar los aspectos lúdicos porque el juego, la alegría y la diversión son los mejores móviles para un aprendizaje vivo y placentero. Está concebido para que los niños se desarrollen siguiendo su libre iniciativa, estimulando simultáneamente los aspectos de su desarrollo cognitivo, psicomotor, social y emocional con un enfoque integral, respetando al niño dotado de una personalidad inconfundible. De este modo se ejemplifica la actitud de ir al encuentro de otras personas con respeto e interés.

Al describir la cultura oriental, me he propuesto desmontar prejuicios acerca de las personas que tienen orígenes distintos de los nuestros y hacer posible así el aprendizaje intercultural. He aprovechado el exotismo de esas culturas ajenas para suscitar curiosidad y deseo de averiguar más cosas.

Mediante sus diversas ofertas, el libro trata de ayudar a vivenciar la diversidad de los estilos de vida a través de la descripción de unos hábitos alimentarios, unas formas de hábitat, una indumentaria, unas creencias diferentes de las nuestras. Por medio de la comparación se resaltarán aspectos comunes (sirva de ejemplo la lectura-narración «¿Zubeida cree en los ángeles?»).

- A través de numerosas sugerencias de creación de espacios y de disfraces se enriquece la capacidad de representación y la fantasía de los pequeños, que asimilan vivencias e informaciones mediante juegos libres de rol, incluyendo canciones, juegos en corro y actuaciones de tipo escénico.
- Por medio de los diferentes juegos de construcción se les enseña a configurar el mundo que los rodea y se estimula su creatividad.
- Los juegos de percepción ayudan a entrenar los sentidos, por ejemplo, refinando la diferenciación del gusto. Las recetas orientales permiten «saborear las diferencias».
- Los distintos juegos de movimiento y danzas típicas tienden a transmitir el placer del movimiento, desarrollar el sentido del ritmo y comunicar nuevas experiencias auditivas.
- La lectura de relatos, los viajes fantásticos y los ejercicios meditativos tienden a crear imágenes interiores, con el fin de fomentar el diálogo y contribuir a formar conclusiones.
- Mediante las numerosas ideas de acción se intenta fomentar la afición a comunicarnos con las personas diferentes que vamos encontrando en la vida cotidiana. Lo cual enriquece el estilo de vida propio y desarrolla el sentido de colaboración activa.

En principio, todas las actividades del libro pueden combinarse las unas con las otras. Cada una se elegirá teniendo en cuenta las aficiones del grupo y las edades de sus componentes. Es posible modificar estas sugerencias de juegos y narraciones para adaptarlas a las necesidades y capacidad de los presentes. Las actividades reunidas por temas pueden desarrollarse en un solo día o en varios. Pero también cabe la posibilidad de montar una selección representativa de todos los capítulos, para ofrecer transversalmente una idea lo más compleja posible de Oriente en el menor tiempo de que se disponga. O seguir sencillamente la organización del libro y ofrecer los temas por capítulos, tal como vienen.

Encadenamiento de juegos

Esta secuencia puede ser adecuada para una tarde de juegos, o una fiesta de cumpleaños, pero también para introducir el tema de Oriente en los primeros grados escolares. Se seleccionan los juegos de mayor intensidad, sugerencia fantástica y distracción. La persona que dirige los juegos determinará la estructura, en primer lugar seleccionando de entre las proposiciones. El resultado óptimo se consigue dirigiendo de manera espontánea, que permita tener en cuenta las reacciones y sugerencias de los jugadores. Únicamente se trata de tener preparado el material que posiblemente se vaya a necesitar, como prendas de disfraz, telas en abundancia, etcétera.

Como salutación, se invitará a realizar un viaje fantástico por Oriente, sobre la alfombra mágica, por supuesto. Se solicitará a los participantes que vayan ocupando sus lugares en la alfombra mágica.

- *Viaje sobre la alfombra mágica*
  Una vez llegados a Oriente, los participantes llamarán a las grandes puertas de la medina con el juego:
- *Iftah al-bab*
  Cuando la caravana haya entrado en la ciudad, todos los participantes se saludan como si fueran viajeros que llegan de una larga travesía:
- *Saludos en el bazar*
  Los participantes recorren las calles del bazar y quieren adquirir un recuerdo para llevarlo a casa. El comerciante los invita a pasar:
- *Salam alaikum basari* (con música)
  Han entrado en un establecimiento de joyería; el tendero juega con ellos:
- *Juego de las joyas*
  Los viajeros se quedan fascinados ante el espectáculo de un encantador de serpientes:
- *La serpiente Kabirar*
  Continúa el recorrido de los visitantes hasta que llegan al palacio y son recibidos por el sultán:
- *Salutación a los viajeros*
  Si los huéspedes consiguen acertar las adivinanzas, el sultán excepcionalmente los invitará a ver el harén de su palacio:
- *Adivinanzas*
  Resueltas las adivinanzas, los centinelas del harén franquean el paso a los invitados del sultán, que jugarán con las residentes:
- *Tres manzanas*
  Los visitantes agradecen la hospitalidad del sultán, que los ha recibido en su palacio, y continúan el viaje a lomos de camello por el desierto:
- *Viaje en caravana* (con música)
  Van por el desierto de roca y se tropiezan con una peña de forma llamativa. Uno de los viajeros conoce la fórmula mágica para acceder al interior de la cueva. Todos exclaman «iftah ya simsim» y hete aquí que la entrada a la cueva se abre:
- *Iftah ya simsim*
  Después de un largo recorrido, avistan a lo lejos un oasis:
- *Juego del oasis*
  Al anochecer, los fatigados viajeros se tumban alrededor de la hoguera en el campamento de los beduinos:
- *Cielo estrellado*
  Los participantes despiertan y no están seguros de si lo soñaron todo, o verdaderamente han visitado Oriente.

Acción lúdica «Bazar oriental»

Esta acción requiere varios días de preparativos y es más idónea para el jardín de infancia, la escuela y programas vacacionales. Puede servir también como ejercicio práctico para la evaluación de estudiantes de pedagogía social. El grupo designado debe considerar diversas localizaciones practicables para una audiencia numerosa, como podría ser el caso de una fiesta en el jardín de infancia, la celebración de fin de curso de los proyectos en la escuela, la culminación de una estancia de vacaciones y otras muchas oportunidades por el estilo.

El grupo va a considerar primeramente cuáles son los elementos necesarios de un bazar oriental; sirve de primera orientación el capítulo de este libro «En el bazar». Los participantes eligen los roles que prefieren desempeñar: comerciantes, artesanos, cómicos y juglares (narradores de cuentos, acróbatas, bailarines, adivinos de la buenaventura, cocineros, pregoneros del bazar, etcétera). Se forman así grupos secundarios que deben decidir cómo pondrán sus diferentes tiendas y paradas. Algunas sugerencias para animar el bazar pueden ser:

Paradas:

- En la de «cosméticos y disfraces», los visitantes pueden integrarse a la vida del bazar con medios sencillos, como retales de tela, etcétera.
- En las de «artesanías», los participantes pueden desarrollar sus propias ideas de bricolaje, por ejemplo, realizando cuadros cincelados en cobre. También pueden traer objetos confeccionados de antemano para ofrecerlos a la venta.
- *Paraíso de los falsificadores.*
- *Encantador de serpientes*: pero la serpiente sólo bailará si el visitante acierta a tocar una melodía con la flauta.
- *Adivinas de la buenaventura.*
- *Trileros.*
- *Juego de las joyas.*
- Otro juego de Kim, por ejemplo, proponiendo perfumes orientales.
- Un juego oriental de canicas (como los propuestos en los apartados «En la calle» y «Juegos en la arena»). Si se juega en una habitación, pintar en cartulina el palacio del sultán, con muchas puertas, las cuales, una vez recortadas, servirán para juegos de canicas.
- Actuación de malabaristas y acróbatas, si alguien sabe, o *danza de la pandereta*, o actuación de un *narrador de cuentos.*
- El pregonero del bazar irá anunciando las diferentes actividades.
- Otra cosa que no debe faltar en el bazar son las *golosinas orientales*: pastelillos de dátiles, baclava, panecillos, salchichas y empanadas de carne, queso de cabra, té a la canela, bebida de yogur, naranjada.

Una vez proyectado todo esto, hay que pasar a la realización, en lo que cobra máxima importancia la fantasía en la decoración de las paradas, los disfraces de los basaríes y la distribución de todo el bazar. Cuando éste abra sus puertas a los visitantes, todos los actores representarán sus papeles, atendiendo a sus puestos de juguetes o golosinas y animando con diversas actuaciones individuales, todo ello acompañado con música oriental de fondo.

Danzas orientales

En este apartado, la música y la danza son mediadoras de la cultura oriental. En el libro hay ejemplos suficientes que deben tomarse como sugerencias para organizar grupos de danza, aunque también es posible una representación resumida para dar idea de las danzas orientales en una sola tarde, por ejemplo.

La danza oriental como tema duradero

En la primera reunión, los participantes traerán ropas cómodas con pantalón holgado, zapatillas de gimnasia y un pañuelo para atar a la cintura. En esta ocasión se interpretarán dos danzas, por ejemplo, la de la pandereta y la del *halay* como final sencillo. En cada una de las reuniones siguientes se introducirá un número nuevo y se volverán a ensayar los anteriores como recordatorio. La estructura de las sesiones puede ser la siguiente:

- Fase de calentamiento. Se pone una música oriental de fondo y los participantes forman un corro para interpretarla cada uno a su manera.
- Para los estiramientos, cada uno realizará el ejercicio que sepa, con el fin de que los otros niños puedan imitarlo.
- Una vez están todos despabilados y han empezado a moverse, pueden aprender una danza nueva.
- Para empezar, se ofrece al grupo una demostración completa, y luego se ensayan las diferentes figuras y secuencias en colaboración.
- Para relajar a los niños, se ofrecerá un viaje fantástico o la lectura de un relato del libro.
- Finalmente todos bailarán una vez más la danza recién aprendida y el halay como número final.

Si se prevé que los integrantes del grupo van a seguir juntos algún tiempo, pueden coser el vestuario basándose en figurines creados de común acuerdo. Al término del curso se ensayará para hacer una representación general. Para realizar ésta se debe decorar un espacio al estilo oriental, y si se quiere, se puede grabar la función en vídeo para recuerdo de todos.

En el jardín de infancia o preescolar puede utilizarse el gimnasio si se prevé que habrá muchas sesiones de ensayo para la celebración final. En fase escolar pueden ofrecerse danzas orientales enmarcadas en una semana de proyecto, que debe cerrarse también con una función en la que se represente todo lo aprendido.

La danza oriental como oferta para una sola vez

Como actividad de una sola jornada, ha dado buenos resultados en la práctica la organización siguiente:

- Los niños van sumándose al grupo ya vestidos.
- Después de una breve fase de calentamiento se estudian dos números, intercalando las correspondientes fases de relajación.
- Seguidamente se interpretan las dos danzas seguidas, a manera de ensayo general.
- El mismo día puede ofrecerse una representación si se cree que hay interés suficiente.
- Bailar junto con el público el halay de despedida.

Do, re, mi

Do, re, mi, fa, sol, la, si, do.
Sol, la, si, do.
¿La más baja se llama? Do, do, do, do.
¿Cómo se llama la segunda? Re, re, re, re.
¿Cómo se llama la tercera? Mi, mi, mi, mi.
¿Cómo se llama la cuarta? Fa, fa, fa, fa.
¿Cómo se llama la quinta? Sol, sol, sol, sol.
¿Cómo se llama la sexta? La, la, la, la.
¿Cómo se llama la séptima? Si, si, si, si.
¿La más alta se llama? Do, do, do, do.

Así cantan los pajaritos,
os van a cantar una canción.
Así cantaremos todos,
vamos a cantar esta canción.
Estr.: Do, re, mi, fa, sol, la, si, do.
Cantamos para alegrarnos
Siempre que estamos juntos.
Cantamos por alegrarnos.
Eso lo sabemos todos.
Siempre que estamos juntos.
Eso lo sabemos todos.

Aplicaciones posibles

EN EL JARDÍN DE INFANCIA

El libro ofrece muchas sugerencias a la fantasía para llevar a cabo en el jardín de infancia. Para el niño, prestar atención a otras culturas le abre horizontes mentales y aumenta su comprensión del mundo que lo rodea. El planteamiento integral y vivencial permite que los niños de estas edades asimilen rápidamente conocimientos y vivencias a través de juegos espontáneos.

Cuando entran niños extranjeros nuevos en el grupo, no importa que sean de origen oriental o no, es fundamental acogerlos dándoles la bienvenida y demostrándoles interés. Se puede desplegar un mapa, por ejemplo, para que todos vean cuál es el país de origen de ese niño y dónde está. Formar un corro para oír narraciones, a fin de que todos expongan lo que sepan acerca de los países lejanos. Lo más oportuno sería que los pequeños adoptasen al recién llegado y asumieran la responsabilidad de ayudarlo a orientarse en esa situación nueva para él. De esta manera desaparece más pronto la barrera idiomática. En las reuniones con participación de los padres, hay que demostrarles a los mayores el mismo interés y disposición de ayudar. Ellos también aportarán sus conocimientos a la acción común, sea, por ejemplo, mediante recetas culinarias de su país, manualidades o destrezas artesanales de diferentes tipos.

Para iniciar los juegos se recomienda el encadenamiento «En el antiguo Oriente»; sentados en corro, son especialmente indicados los juegos: *Saludos en el bazar*, *La canción del bazar*, el juego de títeres *La serpiente Kahirar* y *Cargando el asno*. Poco a poco se irán introduciendo más juegos, teniendo en cuenta que conviene establecer a menudo la relación con la época contemporánea y mencionar cómo está cambiando Oriente en la actualidad, por ejemplo, en los barrios viejos alrededor del bazar, o en el desierto, o la europeización de algunos de sus países. Los niños de otros países podrán intervenir en función del dominio que hayan alcanzado del idioma. Por ejemplo, preguntándoles: «¿Cómo saludáis cuando os encontráis con una persona conocida en la calle?». Las respuestas obtenidas podrían integrarse en el juego *Saludo en el bazar*.

Para un desarrollo temático más prolongado cabe seguir los capítulos del libro. Por ejemplo, *En el baño de vapor* resulta adecuado para actividades de verano al aire libre. El capítulo «¿Dónde está Oriente?» puede servir de iniciación y para saludar a niños orientales. Para la profundización en los temas son útiles: *Danzas orientales*, *Cuentos orientales* y *Golosinas orientales*. También cabe la posibilidad de desglosar los temas, por ejemplo, en juegos sosegados, juegos movidos, o diferentes posibilidades de bricolaje o disfraz. No hay que ofrecer nunca una actividad aislada mientras no se haya motivado suficientemente a los niños. Para dar animación a los temas es útil incluir a los padres de niños orientales, a fin de que aporten su conocimiento como expertos. El conjunto de las actividades relacionadas con la cultura oriental debe terminar siempre con una *Fiesta oriental* o un *Bazar oriental*, que sea una demostración de la gran variedad y alegría de los sentidos propias del Oriente; además, la fiesta es el medio idóneo de acercamiento entre las personas.

EN LA ESCUELA

Las actividades centradas en la cultura oriental se destinan sobre todo a la integración de los orientales al transmitirles información acerca de sus raíces culturales. Interesa facilitar el encuentro común para poner en funcionamiento el aprendizaje intercultural. Una de las misiones integradoras de la escuela consiste en que dinamice proyectos de lectura/aprendizaje enfocados a los escolares de otras procedencias. Una de las posibilidades consiste en fomentar el apadrinamiento por parte de los niños autóctonos para la hora común de estudio. El objetivo de todas estas actividades ha de ser el de fomentar la deferencia, la cortesía y el respeto al extranjero. Otra función integradora de la escuela es la que apunta a las madres de esos niños extranjeros especialmente. No parece fuera de lugar una ronda de presentaciones mutuas para que los padres se conozcan. Otra posibilidad sería la formación de grupos reducidos, en donde los padres autóctonos escuchen lo que cuentan los extranjeros acerca de su país de origen, así como sobre los eventuales problemas de adaptación que están hallando en su nuevo país. De este modo quizá se conseguirá echar abajo barreras culturales y propiciar contactos más allá de esas reuniones de padres. Cuando éstos se conozcan entre sí, será más fácil que los niños oriundos se relacionen con los niños extranjeros. De paso, las actividades culturales ayudan a vencer la barrera del idioma. En propuestas como *Pastelillos de Navidad* y *Baclava*, padres e hijos pueden trabajar juntos y entablar conversaciones.

CREACIÓN DE UNA SEMANA DE PROYECTO «¿DÓNDE ESTÁ ORIENTE?»

Los proyectos resultan muy atractivos porque, a diferencia de lo que ocurre en la enseñanza reglada, los mismos participantes intervienen determinando en gran medida los contenidos y los métodos de enseñanza. Permiten aplicar los sistemas que se utilizan en la formación de adultos, interviniendo el alumno desde el primer momento en la definición del temario y la planificación del proyecto, lo que favorece la identificación con la materia de estudio. Lo mejor sería que ésta fuese sugerida por los mismos participantes en función de sus conocimientos y necesidades. Para ello es aconsejable una inducción previa por medio de preguntas como «¿qué sabemos acerca de este tema?», «¿de dónde podríamos sacar más informaciones?», «¿para qué pensáis utilizarlo?». Un ambiente de trabajo agradable, que implica disponer de un espacio preparado y que requiere la programación y la comunicación mutuas, creará confianza para que todos se decidan a aportar algo en la medida de sus posibilidades. Si se prevé culminar el proyecto con una exposición, una representación, una fiesta o un bazar, todos los participantes quedarán fuertemente motivados y, en último término, orgullosos de lo conseguido.

Además de facilitar el conocimiento de la cultura oriental, la finalidad central del proyecto consiste en adquirir lo que se llama destrezas clave, entre

las cuales se distingue la transmisión de saberes objetivos (conocimiento de la cultura oriental), dominio de los métodos (qué hay que hacer para reunir información sobre un asunto y cómo organizarla), competencias sociales (cooperación con el grupo y con otros grupos) y competencias personales (satisfacción con el resultado, confianza en la propia capacidad).

Una posible estructura semanal

Día 1°: ¿Dónde está Oriente?

En la primera ronda se trata de suscitar asociaciones con el tema. Los asistentes irán diciendo por turno lo que se les ocurra acerca del tema, todo lo cual quedará reflejado en un periódico mural. A los más pequeños podemos leerles el cuento de *Guzul, el pescadero.* Finalmente colgaremos un mapamundi y contornearemos los países pertenecientes a Oriente. Como distracción se ofrecerán diversos juegos del capítulo «Dónde está Oriente?». También el encadenamiento «En el antiguo Oriente» es indicado para los pequeños.

Al término de la primera jornada se puede comunicar una impresión de las *Golosinas de Oriente* y se tratará de asignar una responsabilidad: ¿Quién se compromete a traer un desayuno oriental para todos el próximo día?

Día 2°: Formación de grupos reducidos

Después del desayuno oriental, interrogar a los participantes a fin de preparar una posible lista de centros de interés: la fe islámica, las artes y las artesanías orientales, la música y la danza en Oriente, las golosinas orientales, los cuentos orientales, la vida en el desierto, los juegos, la indumentaria, la arquitectura, son temas posibles. Para los alumnos en edad adolescente ya es posible abordar la comparación entre la cultura oriental antigua y la contemporánea. Los grupos reducidos se forman según las preferencias expresadas, y la misión de cada uno será planear una presentación de sus resultados para el último día del proyecto.

En esta jornada se determinará también qué formato deberá tener esa representación. Que los mismos escolares decidan si quieren montar un bazar, una fiesta o una exposición.

Posibles temas para grupos de trabajo

- ❍ la fe musulmana
- ❍ arte y artesanía en Oriente
- ❍ música y danza en Oriente
- ❍ golosinas orientales
- ❍ cuentos orientales
- ❍ la vida en el desierto
- ❍ juegos orientales
- ❍ la indumentaria y el ornato corporal en Oriente
- ❍ arquitectura, la casa oriental

Día 3°: Fase de realización

Empieza con una reunión plenaria para que los grupos se pongan al día y para acordar, si hiciera falta, posibles cooperaciones entre los grupos. A continuación, cada uno de éstos reanudará su tarea. En este día debe quedar todo dispuesto y organizado para la última jornada.

Día 4°: Visita a una mezquita

Si hay alguna mezquita a corta distancia de la escuela, evidentemente podemos aprovechar un día de la semana de proyecto para visitarla (debiendo solicitarse dicha visita con antelación suficiente). Los grupos descansarán ese día de sus trabajos. Después de la visita, el grupo que se haya adjudicado el tema «la fe musulmana» puede explicar a los demás «los cinco pilares del islamismo».

Día 5°: Presentación final del proyecto

Ese día se celebra la fiesta colectiva, el bazar oriental o la exposición. Mediante fotografías y vídeos se guardará constancia de lo alcanzado, que puede servir para la reflexión en común.

EN ESCUELAS ESPECIALIZADAS DE PEDAGOGÍA SOCIAL

La semana de proyecto que se propone aquí también sirve para las futuras monitoras y educadoras. El día de la presentación se puede invitar a uno o varios jardines de infancia. El bazar oriental es una forma de presentación recomendable, ya que la variedad de las paradas y de los juegos propuestos da pie a practicar conductas de animación.

EN PROGRAMAS DE VACACIONES O DURANTE EL OCIO VACACIONAL

A los niños que no salgan de viaje se les ofrece aquí una posibilidad alternativa. Todas las actividades descritas son adecuadas; la elección sólo depende del tiempo disponible, de la estructura de edades de los participantes y del interés que manifiesten.

EN FIESTAS INFANTILES DE CUMPLEAÑOS

Para homenajear al que cumple años y proporcionar una fabulosa distracción, se organizará una celebración de aniversario al estilo oriental. Si el día es lluvioso o frío, se convertirá la vivienda en un palacio oriental. En días veraniegos se trasladará el serrallo al aire libre. A imitación del serrallo del Topkapi, se montarán tiendas para la fiesta. Para empezar, las invitaciones también serán de estilo oriental.

Tarjeta de invitación

Material: Papel *ebru*, tijeras, tinta de purpurina y pluma.
Edad: Cualquiera.
Doblar la tarjeta por la mitad, recortar la forma de un palacio, desplegar y escribir la invitación con letras de oro en la página interior. Enmarcar lo escrito con arabescos. Los niños que todavía no sepan escribir sólo pintarán la tarjeta.

Para la decoración de la sala, cubrir con colgaduras las ventanas, y montar un diván oriental con almohadones y mantas.

En una habitación aparte se dispondrán los disfraces. Los anfitriones se disfrazarán, como es natural, antes de la llegada de los invitados. Al darles la bienvenida se les saludará a lo oriental (véase *Saludos en el bazar*). De momento no se desempaquetarán los regalos; la entrega de éstos será una ceremonia especial de la fiesta.

Si los invitados se disfrazan al estilo oriental (véanse sugerencias en «Artesanías orientales», «La comida y la danza del vientre», «Juegos en la arena»), serán idóneos los juegos del encadenamiento «En el antiguo Oriente».

Para empezar, los invitados pueden emprender un viaje a Oriente *sobre la alfombra mágica*. Con *Iftah al-bab* se abren las puertas de la ciudad oriental y con *Saludos en el bazar* adoptamos las costumbres locales. A continuación llamaremos a las puertas de palacio. Pero no se abrirán sino a condición de ayudar a las residentes del harén que están preparando la celebración del cumpleaños del príncipe o de la princesa.

Ahora los invitados formarán varios grupos de acuerdo con sus preferencias, los cuales serán atendidos por los adultos previamente instruidos y por los demás hijos de la familia que recibe. El grupo de cocina se dedicará a preparar los manjares para la fiesta; como se trata de niños, nos limitaremos a platos fáciles y de preparación rápida, como una macedonia de frutas o un baclava. Si la invitación incluye una cena, se preparará el día anterior y se calentarán los platos en el momento de servirlos. Los acróbatas ensayarán la pirámide humana, pasar la cuerda y otras habilidades. Las bailarinas ejecutarán sus danzas y también podrá actuar el encantador de serpientes. Cuando todo esté dispuesto, comenzará el banquete y se servirán las delicias orientales. Los artistas seguirán ofreciendo sus números, y en el momento culminante se presentarán los regalos sobre un almohadón oriental y todos se dedicarán a abrirlos. En este momento se debe dejar tranquilos a los niños para que jueguen y den rienda suelta a su fantasía. Mientras tanto, los padres del anfitrión calentarán los platos para la cena oriental. Finalmente se leerá un cuento oriental y se regalarán unos talismanes a los invitados en recuerdo de la fiesta.

Direcciones útiles

ENTIDADES ISLÁMICAS EN ESPAÑA
Están representadas en muchas provincias. Para la localización de mezquitas que se deseen visitar es aconsejable consultar la base de datos:
www.cislamica.org/mundo.asp
Para una guía completa sobre instituciones, centros culturales, etcétera:
www.spagnacontemporanea/lta/ricinstituzioni.htm
elegir idioma español y seguidamente elegir «Organizaciones religiosas – Islamismo»

Para obtener más información:
Comunidad islámica en España
Tel.: 0034 958 220 755
Fax: 0034 958 220 487
E-mail: info@cislamica.org

ENTIDADES ISLÁMICAS EN LATINOAMÉRICA
ARGENTINA
ORGANIZACION ISLÁMICA
PARA AMERICA LATINA
Avda. Belgrado 258, 7 piso (1092) BS AS
Tel.: (54-11) 4331-7243/7447
Fax: (54-11) 4331-7442
E-mail: *info@islamerica.org.arhttp://www.islamerica.org.ar*
CENTRO ISLÁMICO DE LA REPÚBLICA ARGENTINA
Avda. San Juan 3049/53 - CP.1233 - Bs. As.
Tel.: (54-11) 4931-3577
E-mail: *cira@sinectis.com.ar*
COLOMBIA
CENTRO CULTURAL ISLÁMICO
Bayle Boat 1B - 127
Tel.: (57) 811-22070 - Fax: (57) 811-23534
COSTA RICA
CENTRO ISLÁMICO DE COSTA RICA
Apartado postal 3624-1000 - San José, Costa Rica
Tel.: (506) 226 1980 - Fax: (506) 227 1163
E-mail: *sasama@sotracsa.co.cr*
ECUADOR
ASOCIACION ISLÁMICA CULTURAL
Khaled Ibn al Walidi
Avda. Los Shyris 234 y Avda. Eloy Alfaro - Quito
Tel.: (593-2)239024
Fax: (593-2)565054
E-mail: *srlaase@ecuacambio.fin.ec*

EL SALVADOR
CENTRO ISLÁMICO ÁRABE SALVADOREÑO
Avda. España, 317 - San Salvador
Tel.: (503) 2225360 - Fax (503) 2221866
GUATEMALA
MEZQUITA AL DAWA ISLÁMICA DE GUATEMALA
4 CALLE 7-77 ZONA 9
Tel.: (502) 3625906 / 3690817
Tel/Fax: (502) 3625907
MÉXICO
CENTRO CULTURAL ISLÁMICO DE MÉXICO A.C.
Avda. Col. del Valle 324-7 - Col. del Valle
03100 México D.F.
Tel.: (525) 5438756 / 5446700
Fax: (525) 687 6204 - 557 6079/69
E-mail: *omarwest@planet.com.mx*
PANAMÁ
CENTRO CULTURAL ISLÁMICO
Apartado postal 3013
COLÓN
PARAGUAY
CENTRO ISLÁMICO DE PARAGUAY
Avda. 2 entre Oliary y 15 de Agosto, 650
Asunción
Tel.: (595)21 390608 - -Tel/fax: (595)21 449957
PERÚ
ASOCIACIÓN ISLÁMICA DEL PERÚ
Jirón Tacna 556 - Magdalena del Mar - Lima 17 - Perú
Tel.: (511) 2634447
Fax: (511) 2243807
PUERTO RICO
CENTRO ISLÁMICO DE PUERTO RICO
Padre Colón 209 - C. P. 00925 - Rio Piedras
Tel.: (1-78-7) 7516852 - (1-78-7) 7661235
REPÚBLICA DOMINICANA
CÍRCULO ISLÁMICO DE LA REPÚBLICA DOMINICANA
BM No. 2571 - 8357 West Flagler St. suite D
Miami, FL, 33144 -2072 - US
Tel.: 1 (809) 473-7811/567-8114/688-9814
Fax: 1 (809) 472-1235/566-6876
E-mail: *idrees.manga@codetel.net.do*
URUGUAY
CENTRO ISLÁMICO DEL URUGUAY
Roosevelt 618 - Piso 3 - Dto. 7 Las Piedras - Canelones
Tel.: 598 - 23640057/23622293
VENEZUELA
MEZQUITA SHEIK IBRAHIM AL IBRAHIM
P.O. BOX 52106 Sabana Grande 1050
CARACAS
Tel.: (58-2) 5774622 - Fax (58-2) 5775932

Índice temático

Juegos redonda
Manualidades cursiva
Recetas subrayada

Acerca de la autora

Nacida en 1957 en Heidelberg, es diplomada en pedagogía social con especialidad en formación de niños y adultos, profesora de pedagogía lúdica en una escuela superior de pedagogía social e instructora de monitores y monitoras para personas discapacitadas. Sus 13 años de práctica en la enseñanza a través del juego le han brindado la ocasión de investigar sobre numerosos planteamientos creativos y holísticos tanto en pedagogía como en formación de adultos, atendiendo primordialmente a la premisa de «enseñar deleitando».
En particular plantea juegos temáticos desarrollados en colaboración con los enseñantes, creando por ejemplo ferias medievales, poblados indios y bazares orientales. Para las vacaciones propone programas de proyectos y tardes lúdicas. Otro enfoque de su trabajo son los juegos figurativos, que sirven para descubrir «talentos» tanto en los niños como en los adultos y desarrollar la «personalidad» a través del propio juego. Resume dos años de estudios preliminares en este libro, cuyo planteamiento inicial, «¿Qué es Oriente?», la ha puesto en contacto con numerosos «maestros orientales» en su propio país.

Por su cordial franqueza y su disposición a facilitar la integración en la vida turca, desearía manifestar mi agradecimiento a Bekir Alboga, de la mezquita de Mannheim, al calígrafo Amira Lai, al señor Salim Alafenisch, al asesor del Instituto de Estudios Orientales de Heidelberg señor Mottika, a la bailarina Christel Staubitz, al señor Ghouzoul, a la orientalista Monika Schöberlein, al señor Mohammed Afifi y, sobre todo, a la familia Kaya.
Gracias a los oriundos de Irán, Egipto, Marruecos, Siria, Palestina y Turquía ha descubierto los numerosos rostros de Oriente, y desea que su libro contribuya al mutuo conocimiento intercultural y la integración de los musulmanes.
Este libro se encuentra asimismo en la diminuta ludoteca de la autora en Odenwald. Funciona por las tardes y ofrece mucho «tiempo lúdico» a sus clientes.
Sybille Günther está casada y tiene dos hijas.

CRECER JUGANDO

Títulos publicados:

1. Islas de relajación – Andrea Erkert
2. Niños que se quieren a sí mismos – Andrea Erkert
3. Jugando con almohadas – Annette Breucker
4. Juegos y ejercicios para estimular la psicomotricidad – Bettina Ried
5. Las religiones explicadas a los niños – Daniela Both y Bela Bingel
6. Aprender a estudiar – Ursula Rücker-Vennemann
7. El Islam explicado a los niños – Sybille Günther